Morir en sábado

¿Tiene sentido la muerte de un niño?

Carlo Clerico Medina

Morir en sábado

¿Tiene sentido la muerte de un niño?

2ª edición

Desclée De Brouwer

1ª edición: mayo 2008
2ª edición: julio 2010

© Carlo Clerico Medina, 2008

© EDITORIAL DESCLÉE DE BROUWER, S.A., 2008
 C/ Henao, 6 - 48009 BILBAO
 www.edesclee.com
 info@edesclee.com

Cualquier forma de reproducción, distribución, comunicación pública y transformación de esta obra sólo puede ser realizada con la autorización de sus titulares, salvo excepción prevista por la ley
Diríjase a CEDRO (Centro Español de Derechos Reprográficos –www.cedro.org–), si necesita fotocopiar o escanear algún fragmento de esta obra.

Impreso en España - Printed in Spain
ISBN: 978-84-330-2236-3
Depósito Legal: BI-1408-2008

Para Carlo Clerico Briasco, por enseñarme con su vida las muchas maravillas que surgen de ser último.

Índice

Glosario de términos populares Mexicanos que
    aparecen en el texto 11

Prólogo 15

Introducción 25

Cinco vidas 29

    1. Lucy. La alegía 31

    2. Paco. El dolor 67

    3. Javi. La trascendencia 93

    4. Mauricio. El miedo 131

    5. Juanito. La generosidad 169

Cinco regalos 213

Morir en sábado 229

Glosario de términos populares Mexicanos que aparecen en el texto

Águilas del América: Se refiere a los jugadores del Club América, el más importante equipo de fútbol de primera división del fútbol mexicano.

Ahorita: Sin duda es una de las palabras más identificadas con la forma de hablar en mi país. En teoría, significa: ahora, en este momento. En la práctica, puede significar: "en este momento de mi vida", o aunque parezca contradictorio: "en un rato", todo depende del modo y tono con que se utilice.

Aventar: arrojar, lanzar. Expulsar, especialmente a personas.

Bugambilia: Flor típica del Estado de Morelos y en general del centro y sur del país.

Chambita / Chamba: Trabajo

Chipote Chillón: Arma (de plástico) utilizada por el "Chapulín Colorado", uno de los personajes más representativos de la televisión mexicana de los últimos treinta años.

Chivas: Se refiere a los jugadores del Club Guadalajara, segundo en importancia en el fútbol de primera división mexicano y el mayor rival del América.

Cochinita Pibil: Plato típico del Estado de Yucatán a base de puerco en una salsa tradicional maya.

Crayolas: Crayones, pinturas de colores.

Cruz Azul: Se refiere al equipo de fútbol de primera división de México.

Cuauhtémoc Blanco y Paco Memo Ochoa: Son los dos jugadores más representativos en la actualidad en el Club de Fútbol América de la Ciudad de México.

Fregón: En la frase "¿no que muy fregón?", significa "¿no que tan bueno?, ¿no que tu podías?".

Garigoleado: Exagerado, excesivamente saturado.

Gripa / Gripón: Resfriado. Fuerte resfriado.

Güey: Equivale a "tonto", pero es también un término que se usa para llamar de manera coloquial a un amigo. En algunos casos puede ser interpretada como una grosería (dependiendo del tono en el que se usa). Precedido de "Ay" es una interjección de sorpresa o incredulidad ("Ay güey").

Kleenex: Marca comercial de pañuelos desechables.

Me aventó como al Borras: Significa que "me obligó a hacer algo para lo que yo no necesariamente estaba preparado".

Me *cai*: Expresión muy utilizada por la gente joven que puede ser interpretada como "te lo aseguro"; "estoy seguro" o "te lo prometo".

GLOSARIO DE TÉRMINOS POPULARES MEXICANOS

Nimais / Ni madres: Significa simplemente: "no" (muy enfático).

No jorobes: Significa "no molestes", es un modo menos agresivo de decir: "no jodas".

Padrísimo / Padre: Bueno, excelente.

Pan de cazón: Plato típico del Estado de Yucatán a base de tiburón.

Panista: Se refiere a la persona que suele votar por el partido de derecha en México, el PAN (Partido Acción Nacional).

PEMEX / Pemex: Abreviatura para Petróleos Mexicanos. Empresa para estatal de petróleo en México.

Pérame: Modo coloquial de decir "espérame".

Pinche: Puede ser interpretado en México de muchas maneras. Típicamente significa algo parecido a "vil" o "despreciable". El tono marca si la palabra es interpretada como una ofensa o no.

Pingüino Marinela: Nombre y marca comercial de una mantecada de chocolate muy famosa en México y que es común encontrar en las tiendas de los colegios.

Pumas: Se refiere a los jugadores del Club de fútbol de la Universidad Nacional Autónoma de México de la primera división mexicana.

Sale: Significa "está bien" o "entendido". Equivale al "Vale" que se utiliza en España, o al anglicismo: OK.

Sumiya: Es un muy famoso hotel en la Ciudad de Cuernavaca a unos 90 kms de la Ciudad de México.

Tacubaya: Zona que se localiza al Poniente de la Ciudad de México.

Te caché: Significa "te sorprendí".

Tecos: Se refiere a los jugadores del Club de fútbol de la Universidad Autónoma de Guadalajara.

Terapeuta patito: La palabra "patito" usada como adjetivo equivale a "farsante" o "falso".

Top siders (ochenteros): Se refiere a un tipo de zapatos que originalmente fueron diseñados para los deportes de Vela. Fueron sumamente populares en México durante la década de los ochentas.

Twister: Marca comercial de un juego infantil/juvenil cuyo elemento principal es un gran tablero de plástico sobre el que los jugadores deben colocar pies y manos (sobre círculos de distintos colores).

Vips: Nombre comercial de una cadena de cafeterías con presencia nacional.

Prólogo

El libro que se ha puesto en tus manos es pequeño pero realmente es una joya. Digo que "se ha puesto" porque los libros más importantes e inspiradores, curiosamente, como que nos caen del cielo, como que "tocaba" dejarnos impactar por ellos. Esta obra, como suele decirse, "no tiene desperdicio".

Conocí el manuscrito antes que al autor. Al pasar las páginas de su obra me fui haciendo todo un retrato imaginado del escritor que se rompió al haberlo conocido, cuando charlé y comí con él. Por las historias tan vívidas, tan entrañables, tan humanas, me imaginé un hombre de mucha hondura sí, pero quizás un tanto especial, como un monje o como alguien de rostro silencioso, pero amable, de mucha, pero mucha interioridad; me lo imaginé, precisamente por todas esas cosas, necesariamente un hombre más bien mayor. Lo encontré en la recepción de un hotel en Guatemala, y, aunque su imagen y físico no llenó mi retrato imaginado, desde la primera vista estuve seguro que era él. Le sentí un aura muy especial y experimenté, inmediatamente, como si siempre lo hubiera conocido. Sentí una gran empatía y admiración por su persona. Eso sí, nos unía el hecho de que yo conocía muy bien a Paola su hermana, y esto era un vínculo obviamente. En esa ocasión me pidió que le hiciera la presentación de su libro. Realmente con temor y temblor lo hago porque me da miedo empañar su brillo, pero escribo estas líneas también con mucho gusto.

El libro trata sobre la muerte de cinco niños que el autor acompañó y nos reseña de manera increíble, entrañable, empleando un lenguaje sumamente sencillo y coloquial, con un claro sabor mexicano. Aparentemente el público interesado podrían ser sólo los iniciados en tanatología con especialidad en niños. Con todo, no es así. Con su libro, Carlo Clerico toca teclas muy profundas en cada persona. Cada vez que vuelvo a leer cualquiera de sus capítulos, me provoca un llanto explosivo a la llegada de la muerte de uno de esos cinco niños: sabios y maestros, como repite muchas veces Carlo.

Por eso creo que el libro está escrito para muchos públicos. Para alguien que tiene relación con el dolor de niñas y niños le vendrá muy bien, porque encontrará muchas sugerencias y caminos. Para quienes están sufriendo su propio dolor, creo que les abrirá veredas de sentido. Para quienes acompañamos personas en su duro paso por la vida, nos abre perspectivas pertinentes. Carlo –sin "s" final como le gusta puntualizar– tiene una humanidad tremenda. Cuando lo conoces con su aire juvenil, de hombre con mente de ingeniero y que ha ido triunfando en la vida de los negocios, no te imaginas el corazón que está ahí detrás. Más aún, si lo ves en la calle no creerías que te estás topando con un hombre tan sabio –que te puede enseñar a valorar lo que de verdad vale–. Sin embargo, como ya te voy diciendo y tú mismo experimentarás, es un maestro de lo fundamental. Carlo es un verdadero iniciador a la humanidad. Carlo es un gran mistagogo, es decir, alguien que te lleva al misterio de la vida y –sin muchos aspavientos– también al misterio de Dios inmanente y trascendente.

PRÓLOGO

Qué bueno que se le ocurrió comenzar a escribir sus experiencias. Carlo combina intereses muy diversos, por ejemplo, su trabajo de ingeniero en una gran empresa estatal, su vinculación a la formación en técnicas de fútbol con el equipo América de la ciudad de México, con su interés por el desarrollo humano y finalmente con la tanatología.* Esto lo llevó a esa "devoción" de acompañar niños en los últimos momentos de sus vidas, que en verdad, sólo es un paso hacia el verdadero sentido y hacia la Vida. Es muy obvio que Carlo escribe el libro como para sí mismo, como para no dejar pasar tantas experiencias sin consignarlas sin digerirlas; como si su sistematización le ayudara a ser más persona, la persona que de hecho puede actuar en cada niña o niño en su momento final. De algún modo el escrito es toda una pedagogía para vivir y para acompañar, es decir que entonces le incumbe a toda persona humana. Si este libro cayó en tus manos tienes muchas lecciones que aprender, te lo aseguro. Eso sí, hay que irlo leyendo en un tono "serendípico". No es para devorarlo de una vez; es para degustarlo, para sacar provecho, para volver a él, a tus propias experiencias vitales y modificar tu manera de vivir.

---

* Te doy a continuación algunos datos –como muestra de su actuar polifacético– sobre su currículo. Estudió Ingeniería Industrial. Según él, debido a su formación en matemáticas y física, desarrolló el gusto por la filosofía. Luego estudió una Maestría en Desarrollo humano con especialidad en Transpersonal. Luego hizo tres cursos en Técnicas Gestalt, Tanatología y más recientemente en Psicooncología. Da clases en la Maestría en Desarrollo Humano en la Universidad Iberoamericana de México. Ha trabajado para Comex, una empresa de pinturas. Después de eso montó un despacho de consultoría independiente que tiene tres objetivos: Desarrollo del Potencial Humano, Desarrollo del potencial técnico y administrativo y Desarrollo del potencial social. De 2003 al 2006 trabajó para el gobierno Federal, primero en Petróleos Mexicanos y luego en la Secretaría de Desarrollo Social. Este trabajo fue para él una puerta sumamente privilegiada para relacionarse con comunidades indígenas, campesinos y grupos sociales organizados.

Para aquellos a quienes nos toca acompañar vidas, el autor nos regala una serie de sugerencias muy significativas, que se enfatizan en el hecho de toparse con el sufrimiento de personas de muy tierna edad, en donde todo parece injusto, sin sentido, sin ninguna explicación y casi sin nada que hacer. Nuestros trabajos tal vez no nos presentan tantas complejidades y sinsentidos. Por eso es que, desde ese exceso de dificultad, podamos aprender mucho de sus enseñanzas.

En el fondo a todos los que están entorno a un niño cercano a la muerte, pero especialmente los médicos y enfermeras, no nos caería mal entender, lo que Jesús Díaz Ibáñez le enseña a Carlo, que sólo quien es realmente afectivo podrá ser efectivo. Quienes se relacionan con sus pacientes y de verdad se conmueven con su dolor, son quienes mejor se desempeñan. Quizás la clave de este acompañamiento es ayudar a encontrar el sentido del sufrimiento. Pero Carlo nos indicará incesantemente que lo importante no es el por qué, sino el para qué y, sobre todo, el para quién del fruto del sufrimiento.

¿Cómo se enfrenta el problema del dolor y sobre todo el sufrimiento de un niño o una niña? La pregunta primera –la que nunca falta– es el "por qué del sufrimiento". Carlo, como Job y luego Jesús, no explican la razón del sufrimiento de la persona inocente –porque la respuesta no se encuentra, realmente–; sino que luchan contra él poniendo los medios a su alcance. El último medio que provocan, es precisamente una suerte de esperanza que ayuda a acuerpar la esperanza de la madre, del padre, de los familiares. Dice Carlo que el dolor se ahuyenta por el cariño y por el acompañamiento. De ahí que asegure que tanto médicos como familiares continuamente tengan que imaginar que siempre se puede hacer algo: el dolor se mitiga, por ejemplo, con una distracción apropiada. El dolor, con todo sólo se ahuyenta con el amor y la presencia silenciosa.

PRÓLOGO

Pero, como él nos insiste, la pregunta correcta sobre el sufrimiento de la persona inocente, no es el "por qué" sino más bien el "para qué". Como verás en el libro, es Paco, uno de esos niños protagonistas, que llega a formular: "cuando me duele más es que tengo que dar más cariño". Ahí Paco se convierte en un maestro cuya ingeniosa variación de la pregunta –"para qué", en vez "del por qué"– abre a muchas respuestas, que llenan de vida. El último paso es además preguntarse el "para quién". Los regalos –que tú los verás muy claros en el libro– son para las personas quienes rodean el sufrimiento. Esa es la razón de que el sufrimiento es fuente de gracias para su entorno. Las personas cercanas cambian de manera maravillosa, ya podrás identificar esto con nombres propios en el libro. Carlo llega a preguntarse por qué razón es más útil para crecer y madurar, el dolor que la felicidad. Como el mismo responde: "mi respuesta es simple, el dolor *me mete* y la felicidad *me saca*". Cuando se identifica para quién vivió ese niño concreto, la muerte puede ya convertirse en celebración de vida. Por otra parte, los niños moribundos, nos dice Carlo, cambian nuestras vidas porque nos permiten mirar dentro y modificar nuestras prioridades.

Presupuesta esta aclaración a la pregunta del sentido del sufrimiento y la profunda sintonía que debe establecerse, Carlo nos regala el esbozo de una metodología:

Lo primero es lograr el canal de comunicación, o de complicidad, interpreto yo. Como verás, con cada una de las personitas la entrada es diferente. Cuesta muchas veces establecerla. Lo segundo, en varios casos, ayuda emplear un elemento "vicario" podríamos decir (esto es, un objeto, o algo que está "en vez de"). A veces éste elemento es "en vez de sí mismo", otras "en vez de la enfermedad", otras como "presencia de la persona ausente". Así objetivada la misma persona, o el dolor, o la enfermedad, es más fácil dialogar con ella, externar el miedo, el dolor y la cólera. Uno de los "vicarios" más entrañables que Carlo nos relata, es la muñeca que una niña dejará a su mamá para que la recuerde, o la canción, como en el caso del niño indígena: "Por un amor", que tanta vida le devuelve después, a la madre de Juanito.

Insisto, de las cosas que más me maravillan de la experiencia que Carlo plasma es una especie de "complicidad" que establece con la niña o con el niño. Descubre muy pronto cuál es el canal vital de comunicación, pero que se guarda como en secreto. En ésto es un verdadero artista y no sólo un profesional. A veces es un disfraz, a veces un muñeco, otras muchas, encontrar temas de conversación. Hasta que no se da esta complicidad, no se puede dar el aporte a quien acompaña.

Pero, muy ligado a toda esa complicidad y encontrar el elemento vicario, hay actitudes fundamentales que son claves y necesarias para quien acompaña. De suyo Carlo no compartió –en tiempo real– muchas horas con esos niños. Eso sí, fueron tiempos cargados de densidad y dedicación. Como Carlo lo formula, "nuestros encuentros no habían sido cuestión de tiempo sino de intensidad".

Los momentos intensos son eficaces si van, además, acompañados de silencio, escucha, creatividad y de apertura al regalo a recibir. Al hablar de silencio, Carlo nos enseña que el verdadero silencio es "el que comunica más que cualquier conversación y casi tanto como la mejor oración". Por otra parte, la creatividad unida a tener un excedente de bondad y humanidad, es quizá la mejor preparación para entrenarse en el difícil camino de acompañar los últimos momentos sobre todo de un niño o una niña. Pero también acompañar a un niño en esos momentos, requiere la propia aceptación, a fondo, y estar abierto a aprender de esa personita moribunda. De ahí que, el autor llegue a afirmar que el acompañamiento es una de las más grandes herramientas para el auto conocimiento. Pero en el fondo, no habrá un buen acompañamiento si no se tiene una integración personal propia.

Otro elemento más. De algún modo Carlo se va dando cuenta que sólo si se acompaña a quien está sufriendo y a "sus comunidades", es decir madre, padre, familia, amigos y trabajadores de la salud, es que se hace un trabajo eficaz de apoyo y acompañamiento. Todos los que están en el entorno de ese sufrimiento, que va adquiriendo sentido cada vez más –si se va preparando adecuadamente el camino– tienen la oportunidad gigantesca de aprender de esos niños, sabios, santos revolucionarios y genios, como dice Carlo. La muerte, dirá el autor, tiende a magnificar las cosas; el dolor y el miedo, sin duda, pero también la alegría, la trascendencia y la generosidad.

La enseñanza espiritual que dejan estos niños moribundos es algo impresionante. Así lo fue rescatando Carlo. Él nota que lo espiritual –aún en niños muy pequeños– se desarrolla de manera "anormal", diríamos. El espacio espiritual, señala, se desarrolla como el sentido de audición que se perfecciona frente a la pérdida de la vista. Este libro es un texto espiritual todo él. Puede ser materia de crecimiento humano, de humanización, pero también de vinculación con el Dios de Jesús que está justamente en quien padece y sufre. Nos dice Carlo: "descubrí a Dios en la alegría de Lucy, en la entereza de Paco, en la experiencia verdaderamente humana de Javi, en la trascendencia del miedo de Mau y en la generosidad sin límite de Juan. Descubrí –termina Carlo– que la verdadera trascendencia no surgió de la muerte de ninguno de estos niños, sino de su vida, de sus ojos vivos, de su alma plenamente humana". Por eso Carlo es también un gran maestro en lo espiritual. El da su aporte sencillo terminando todas las sesiones con las palabras de la otra gran maestra, Teresa de Jesús: "nada te turbe, nada te espante... sólo Dios basta".

Todo el libro está traspasado de una frase evangélica muy contundente: la muerte da vida. Frase suya muy significativa y relacionado con el evangelio es: "la muerte es sólo una excusa para trabajar con la vida de las personas"

Después de la muerte viene algo más para quienes se quedan. La muerte del niño o la niña no es el fin de un ciclo sino un puerto de salida. Es útil y necesario hacer algo para acompañar a las familias después de la partida del niño o de la niña, pues meses después, incluso años después, pueden venir recaídas importantes. Esto se lo pregunté a Carlo y él me manifestaba que en el futuro quisiera realizar, principalmente dos tareas: la primera era sistematizar aún más la metodología que va ya creando para poder compararla con otras experiencias y así elaborar un método que pueda facilitar el camino de otras personas que atienden situaciones semejantes. Luego, realizar un estudio y taller sobre cómo enfrentar el duelo humano, con más pertinencia. En segundo lugar, Carlo quiere abrir un espacio para la comunidad más cercana (mamás, papás, hermanos y amigos) de personas que ya hayan muerto. El mejor formato, según él, es un grupo de auto ayuda. Estos son metas todavía por alcanzar.

No me queda más que felicitar y agradecer la obra de Carlo. Agradezco su generosidad en pedirme que yo le hiciera este prólogo. Toma, entonces el libro y deja que sus palabras vayan ablandando tu corazón. Deja que esos niños te enseñen lo que de verdad vale en un mundo que peca de superfluo y efímero. Termino este Prólogo con uno de los últimos párrafos de Carlo:

PRÓLOGO

Es posible vivir, aquí y ahora, es posible aprender del dolor, es posible asumir las pérdidas que la vida nos regala; es posible ser generosos, es posible descubrir a Dios en el silencio de la inmanencia y en los ojos de los demás; es posible trascender al miedo; es posible emparentarnos con la alegría. Es necesario hacerlo ya.

Carlos Rafael Cabarrús S,J.
Guatemala, agosto 2007.

Introducción

Hay una forma de saber tu casa,
que es la misma forma de saber el mundo;
hay una forma de saber el mundo,
que es la misma forma de saber el cosmos;
hay una forma de saber el cosmos,
que es la misma forma de saber tu casa;
sabe tu casa, no más, y lo sabrás todo.

Estos cinco pequeños, cuyas historias en sus horas finales presento aquí, me enseñaron a saber mi casa. De hecho, me enseñaron a descubrir cuartos completos dentro de mi casa, pasillos y estancias que yo mismo no había descubierto. Algunos me enseñaron un jardín que me permitió aprender lo importante de vivir con los pies bien firmes y descalzos sobre el piso, y otros, me enseñaron un techo al cuál yo no sabía cómo llegar; me brindaron la libertad para despegarme del piso y volar a rincones de mi casa que, insisto, yo no conocía.

Su testimonio, es de un existencialismo de lo más puro. Viven y mueren totalmente conscientes de su tiempo presente. Son capaces de cambiar; de convertirse en toda la persona que pueden ser por que no se anclan a un pasado que ya no existe, ni se confunden viviendo un futuro que lo más probable es que no llegue jamás. Viven aquí y ahora. Se hacen conscientes.

Su testimonio, es también, de un humanismo puro. Viven y mueren totalmente abiertos, libres y generosos para recibir y dar todo el cariño de que son capaces, a sus padres, a sus hermanos, a sus tíos, a médicos, enfermeras, religiosas y sacerdotes, vivos o ya muertos.

Viven y mueren haciéndose persona en el otro, interpelando, retando, agradeciendo, demostrando que al morir conscientes, crean conciencia en el otro, que al morir agradecidos, provocan la generosidad de los demás, que al morir amando, abren una puerta infinita al amor profundo y verdadero, por la vida, por la existencia y por los demás.

Son niños –como dice Jesús Díaz Ibáñez[1]– sabios, santos, genios y revolucionarios.

Nunca es fácil enfrentar la muerte, sobre todo, cuando el moribundo es un niño o una niña pequeños. Pareciera en un primer momento, que aquello no tiene ningún sentido.

¿Por qué muere un niño?, ¿por qué Dios permite el sufrimiento real y profundo de una madre o un padre cuya ilusión es ver crecer a sus hijos?, ¿por qué este mundo tan avanzado, tan tecnificado, no es lo suficientemente generoso como para orientar todos sus esfuerzos hacia la búsqueda de curas para enfermedades como el cáncer o el sida?, ¿por qué muere un niño de una enfermedad curable? ¿por qué cuesta tanto el medicamento que necesita?, ¿por qué tanto dolor? ¿Por qué?

¿Tiene sentido?

---

1. Jesús Díaz Ibáñez es Maestro en Desarrollo Humano por la Universidad Iberoamericana de la Cd. de México. Psicoterapeuta Humanista especializado en Logoterapia. Académico y consultor en desarrollo organizacional.

INTRODUCCIÓN

Vaya que lo tiene. Es terriblemente difícil de explicar, pero lo tiene.

Cada niño, cada niña que se va, lo hace regalando algo. Un regalo que consuela, repara y enseña. Es un regalo personal. Cada quién recibe uno distinto. A veces no es fácil descubrirlo, pero el tiempo y la vida, nos lo enseñan tarde o temprano. Es necesario sin embargo, esperar a que estamos abiertos a la magia de la expansión de la conciencia, que siendo adultos no siempre es fácil.

El regalo, lo construyen estos pequeños viviendo. Algo grandioso nos regalan en sus últimos momentos, con sus últimos respiros.

¿Por qué muere un niño pequeño?, no lo sé. Lo que sé, es que es posible encontrar respuesta en otras preguntas: ¿para qué vivió?, ¿para qué nació en tu casa?, ¿para qué vivió en medio de tu familia? El sentido, el regalo, está inscrito en su vida. No te preguntes ¿por qué murió?, pregúntate ¿para qué vivió?, y sobre todo, ¿para quién vivió? Encontrarás el regalo, poco a poco, con paciencia, con amor, con gratitud. Búscalo.

Es un regalo que está diseñado, paradójicamente, para recibirlo y después regalarlo. Los niños que mueren entregan un legado de conciencia que se multiplica, porque a quienes hemos tenido el privilegio de recibir uno, nos obliga a saber nuestra casa.

No busques el sentido en su muerte, búscalo en su vida.

Lucy, Paco, Javi, Mau y Juanito, me enseñaron con su vida, mi casa.

Ciudad de México, noviembre, 2006

CINCO VIDAS

1

Lucy
La alegría

1

Cuando la conocí, Lucy tenía apenas ocho años. Era sábado. Uno de esos días que hacen que quienes tenemos la oportunidad de visitar la Ciudad de Cuernavaca, entendamos por qué se le llama con justicia, la de la "eterna primavera".

La Hermana Clara, me recibió en la base de las enfermeras del primer piso y como siempre, levantó de entre los estantes, una pesada caja de esas donde se transporta leche, que estaba –también como siempre– llena de expedientes. Ella y yo, habíamos establecido una costumbre que a muchos les parecía extraña. Al llegar al hospital, si yo no tenía un caso nuevo asignado, la Hermana me mostraba los expedientes para que yo tomara uno al azar, con los ojos cerrados.

El ritual había funcionado así por más de dos años. Nunca he entendido por qué, ni tampoco me lo he cuestionado mucho pero siempre sucedía lo mismo: el expediente elegido pertenecía a un niño o una niña menor de doce años, nunca a un adulto.

Era Dios que quería decirme que yo debía tener un hijo, me decía la monja con ojos de complicidad. Yo la veía divertido y ella, que se dejaba vencer fácilmente, finalmente cerraba los ojos y simplemente sonreía.

Hacía poco más de dos meses que yo había dejado de ir al Hospital. Mi trabajo en una gran empresa mexicana no me hacía nada fácil la semana, y me dejaba rendido. Me costaba mucho levantarme temprano el sábado por lo que me pareció prudente alejarme de *mis moribundos* unas semanas. Además, siempre había pensado que para ir a verlos, era necesario estar entero, consciente... excusas.

–Cierra los ojos, veamos qué te regala hoy Nuestro Señor, me dijo Clara con la paz que le caracterizaba siempre, mostrándome con algo de dolor los expedientes que yacían ya sobre el pequeño mostrador de las enfermeras.

–Luciana.

Qué nombre más raro, pensé.

–Ocho años, dije en voz alta.

Al ver el expediente, la pequeña monja me sonrió y dándome un abrazo cariñoso, me dijo en voz muy baja: el Señor te ha dado un regalo inolvidable.

Como siempre, la Hermana Clara me llevó primero a la pequeña capilla improvisada que ella y sus hermanas habían construido, para leer el expediente y encontrar un poco de paz antes de hablar con los familiares de aquella niña enferma. Luego, a paso lento, me llevó a conocer a la mamá de Lucy.

Ana era una mujer bajita y corpulenta. Sus enormes cachetes rosados y su pequeña nariz puntiaguda, me recordaron inmediatamente a Susanita, la amiga de Mafalda. Parecía estar siempre ocupada y con prisa. Hablaba con todo el mundo y resultó ser una acompañante extraordinaria para todas las demás madres y algunos padres que pasaban largos días y noches de vela y sufrimiento, a los pies de la cama de sus pequeños hijos moribundos. El calor, a veces sofocante del pequeño hospital, era sin duda su peor enemigo. Se paseaba durante horas por los pasillos con un pequeño abanico –español– nos presumía siempre, tratando de mitigar las horas más duras del verano, abanicando de vez en vez a médicos, enfermeras, visitantes y a todos quienes se cruzaban por su camino.

–Hola Ana, le dijo la Hermana Clara

–Ay, madre, replicó la mujer, haberme dicho antes que iba a venir tan bien acompañada y me hubiera al menos dado una manita de gato.

La sonora carcajada de la mujer causada por su propio chiste, me hizo sonreír de inmediato y pensar que aquella señora no parecía la madre de una niña tan enferma.

–Muchas gracias, Ana. Le dije. También me debió haber advertido la hermana que iba a encontrarme con una mujer tan guapa.

Una nueva carcajada seguida por un alegre guiño y un abrazo efusivo para la monja.

–Y díganme, ¿a qué debo el honor?, preguntó Ana divertida.

–Este es Carlo, el amigo del que te hablé la semana pasada ¿te acuerdas?

–Ay, cómo no me voy a acordar, es el *"tantatólogo"* ¿no?, ja, ja, ¿qué nombre tan raro para un médico?, ja, ja.

–Tanatólogo Ana, ta-na-tó-lo-go, deletreó con paciencia la monja.

–Y no soy médico, Ana, añadí.

–Sí, sí, ya me explicó la madre. Eres psicólogo.

–Tampoco, le dije, acostumbrado ya a la confusión que provoca nuestra presencia en aquellos lugares llenos de expertos y gurús de la medicina. Lo que hago, y si me lo permites, haré con tu hija

Luciana y contigo, es simplemente acompañarlos unas horas y ayudarlas a transitar este difícil momento.

–Lucy, por favor. No le digas Luciana, ese error fue mío… mira tú, ponerle Luciana a una niña tan dulce.

La seriedad de Ana, duró tan sólo unos segundos.

–Y, espero que no tengas novia ¿eh? por que yo estoy rete disponible, ja, ja.

–Soltero por vocación, le dije divertido.

–Ay madre, qué bien que me trajo al *"tantatrólogo"* este, ja, ja.

Con un gesto de impotencia, la Hermana Clara se alejó sonriendo, y me miró como haciéndome saber que me dejaba en buenas manos. Al menos hoy podrás salir de buen humor, me dijo divertida.

Conforme la pequeña monja desaparecía en el largo pasillo, le propuse a Ana que fuéramos a tomar un café. Ella asintió de inmediato.

El pequeño jardín interior de la Planta Baja, tenía sólo una banca, que curiosamente siempre estaba vacía. A mí me gustaba mucho estar ahí un rato, por que en ese pequeño espacio de unos 30 metros cuadrados podía encontrar el abrazo cálido que Cuernavaca siempre es capaz de otorgar.

Eran ya casi las 10 de la mañana y aún cuando empezaba a hacer un poco de calor, el café nos cayó a ambos muy bien.

–Gracias, me dijo.

–De nada.

Dos sorbos al café, en silencio. Luego, toda la cara redonda de la mujer se llenó de emoción. Ese era el privilegio de mi trabajo. La gente podía llorar fuerte.

–No quiero que mi pequeña Lucy se me muera. No es justo.

Silencio. Un sorbo al café.

–No entiendo por qué Dios, que es tan bueno, puede permitir algo así. Ya le recé a todo el mundo –una pequeña risa en medio del llanto–, de seguro que ya sabe bien quién soy, por que he sido muy insistente –una nueva risita mezclada con muchas lágrimas de las de verdad–.

–Estoy seguro que te conoce Ana, si no por tus oraciones, segurito que te puede oír riendo y alegrando un poco a los demás.

Era evidente que Ana no esperaba esa respuesta. Su reacción fue como ella, repentina. Una muy alegre carcajada interrumpió de tajo el llanto. El pequeño "gancho al hígado" que me tiró con cariño, me había mostrado un buen camino para trabajar con ella.

–Ay cómo eres, *tantratólogo*. Las monjas me regañan a veces por que dicen que me río muy fuerte, me dijo mientras se secaba las lágrimas que todavía rodaban por su enorme cara.

–Al menos la Hermana Clara, parece disfrutarlo mucho, le respondí.

–Ella sí, por que es un encanto de monjita, pero, ¿ya conoces a la Hermana Laurita?, ella sí que no debió haber estudiado para monja ¿no?

Durante los siguientes veinte minutos, Ana acabó literalmente con todas las monjas, enfermeras y médicos y logró ponerme al día con todos los chismes del lugar. Incluso me contó algunas cosas muy graciosas del Padre Julián, el párroco asignado para visitar a las familias del hospital.

La dejé seguir y seguir. Era nuestro primer encuentro. Lo importante es *lo de ella* y no *lo mío*, pensaba, mientras divertido escuchaba chisme tras chisme, incluso de personajes que yo no conocía, pero que pude imaginar de inmediato.

Una vez terminada aquella muy ilustrada alegoría, se quedó en silencio.

–¿Quieres que te explique un poco lo que hago? le pregunté.

–No. Ya me lo platicó el domingo la Hermana Clara. Prefiero que vayamos a ver a mi Lucy. Hace ya casi una hora que salí de su cuarto y sé que fingía cuando le pregunté que si estaba dormida. ¿Vamos?

–Con mucho gusto. Sólo te pediría que cuando me presentes no le expliques por qué la estoy visitando, si te parece. Me es más fácil empezar así. ¿Está bien?

–Como tú digas, mi querido *"tantra"* me dijo bautizándome. Ja, ja.

Lucy estaba en el cuarto 108. Muchos de estos cuartos albergan a dos pequeños y a sus familias. Ni siquiera una cortina separa las dos camas, pero las hermanas han logrado que el ambiente del hospital sea, casi siempre, muy familiar y como ellas dicen, muy comunitario. Todo el mundo se ayuda, y sobre todo, existe en el lugar una especie de empatía generalizada. Todos se acompañan, y se comprenden casi siempre en silencio.

Ana era la excepción. Su compañía ruidosa y a veces exagerada, era sin duda bienvenida en los pasillos y galerías de aquella lúgubre construcción. Todo el mundo la saludaba y sonreía al sentir su pesado caminar. Los regalos de la mujer eran constantes. No había un cuarto por el que pasara, que tuviera la puerta abierta, en el que no dejara algún comentario que hacía que sus inquilinos sonrieran o de plano, explotaran en tremendas carcajadas.

Van a extrañar a esta mujer, pensé.

En el cuarto 108, había sólo una cama ocupada.

–No nos han querido poner a otro niño en el mismo cuarto, y la verdad yo se los agradezco a las monjitas, dijo Ana en voz baja al entreabrir la puerta del cuarto. Imagínate si llega alguna señora que ronque. Yo la verdad puedo con todo, pero necesito dormir mis ocho horas, dijo Ana, y divertida añadió, incluso once, si me dejaran las monjas. Ja, ja.

Al abrir por completo la puerta, pude ver al fondo, sobre la cama, a una pequeña niña con una enorme muñeca de trapo. Hacía mucho, que yo no veía una muñeca de esas y me recordó de inmediato a la hija de uno de mis mejores amigos, la primera *sobrina* de nuestro grupo, que siempre cargaba un enorme payaso al que llamaban Yayo.

Ana entró en silencio, sola, y a los pocos minutos salió y con su rosadísima cara me dijo: Listo, tantra, puedes pasar.

Lucy abrazaba a su muñeca y la regañaba por algo. No me hizo caso. Quería que yo supiera, que su muñeca, Lisi, se había portado mal.

–Oye... pues ¿qué hizo tu muñeca para que la regañes tanto?

–Ay, *pues* fíjate que no se quiso tomar la gelatina verde.

Lucy era la viva imagen de su madre. Pequeña, regordeta, rosada. Lo primero que pensé, es que no se veía nada enferma. El tiempo me desmentiría muy rápido, desgraciadamente.

–Es que esa gelatina verde de aquí, es feísima ¿no? A mí tampoco me gusta.

La pequeña me mostró por primera vez su extraordinaria sonrisa, llena de dientes blancos. Era una de esas niñas, que sonríen con toda la cara, y hasta un poco con el cuerpo, pero sobre todo, con los ojos.

–Pero no se lo digas a Lisi. ¿Qué no ves que me quitas autoridad a mí?, dijo tratando de hacerse la seria.

–Uy, perdone usted. Pero, ya es tiempo de perdonar a Lisi, ¿no crees?

–Yo creo que no, dijo con firmeza. La voy a castigar en el rincón un rato.

—Pero sólo un ratito ¿verdad?

—No. Al rincón cinco minutos, dijo e hizo una seña con un brazo diminuto y lleno de moretones, que había sido perforado ya demasiadas veces por cientos de agujas en los últimos tres años.

Al ver que me reía, Lucy me hizo su cómplice por primera vez. Acerqué la silla que estaba junto a su cama, y le dije: ya conocí a tu mamá. Es muy graciosa.

Lucy rió abiertamente. Era una de esas risas sensacionales que uno quisiera poder enlatar y vender por todos lados.

—Es rete chistosísima, me dijo.

—Oye, y se ve que te quiere un montón, ¿verdad?

—Sí. Contestó moviendo la cabeza. También me quieren las hermanas, las enfermeras y los doctores, y yo los quiero a todos ellos. Segurito, que si tú me quieres, también te voy a querer luego a ti.

—¿Luego?, ¿y por qué no me quieres de una vez?

Con la sabiduría que da la infancia Lucy me respondió con sencillez: veremos si te lo ganas, y sonrió

Pasamos un muy buen rato. Siempre es importante que el primer contacto sea útil, por que facilita el duro camino que viene después, aunque con Lucy, el camino sería bien distinto.

Luego de casi una hora de plática, entraron Ana y la Hermana Clara. Lucy les demostró su cariño con sendos enormes abrazos. Ya es hora de la medicina, le dijo la monja con toda la dulzura que permite esa frase en una situación como la de la pequeña.

—Bueno pues yo me tengo que ir a visitar a alguien más por acá, dije viendo a los ojos a Lucy. ¿Me dejas regresar la próxima semana?

–Lo voy a pensar, dijo Lucy, para sorpresa de la Hermana Clara.

–Unos segundos bastaron, para que madre e hija rieran profundamente. Yo le sonreí a Clara con una actitud de triunfo y le cerré los dos ojos como diciendo: no te preocupes, es broma.

–Claro que puedes venir a vernos, dijo Ana. ¿Verdad mi amor? le preguntó a la niña.

–Sí, dijo la niña con voz y cabeza. Pero ya no consientas tanto a Lisi, me ordenó.

–Yyy, dije. Se nos olvidó que Lisi sigue en el rincón, sonreí.

–Ja, ja. Ya la vamos a perdonar, dijo la pequeña Lucy haciendo un gesto a su madre para que le permitiera a la gigantesca muñeca, regresar a la cama con ella.

–Bueno, pues me voy, pero me gustaría pedirle un favor Ana.

–¿Qué?

–Tengo una pequeña costumbre que empezó desde mi primer día en este hospital. Ana y Lucy me seguían con atención, mientras que la Hermana Clara, sabiendo lo que iba a pedir, se colocó a mi lado como apoyando mi solicitud. Me gustaría rezar con Lucy una pequeña oración que me enseñó una amiga hace unos años y que es muy bonita para los niños.

Lucy volvió a enseñar los blancos dientes, mientras que Ana me sonrió con cariño.

–Adelante, por mí está bien, dijo la madre.

–Por mí también, dijo la pequeña entusiasmada sin saber bien por qué.

Acompañado por la Hermana Clara, recuperé con mucha alegría y mucho dolor, el ritual que había venido haciendo con estos niños desde hacía más de dos años, todos los días que los visitaba, al despedirme. Hacía más de dos meses que no había tenido el privilegio de hacerlo y ahora tenía esta nueva oportunidad.

Coloqué la mano derecha sobre la cabeza de Lucy con cuidado y como siempre ocurría, la pequeña cerró los ojos confiada, mientras Clara y yo decíamos: "Nada te turbe, nada te espante, todo se pasa, Dios no se muda, la paciencia todo lo alcanza, quien a Dios tiene nada le falta, Sólo Dios Basta".

Lucy abrió los ojos divertida. Ana no pudo contenerse. Salió del pequeño cuarto y se apoyó llorando contra la pared beige del corredor. La hermana salió despacio detrás de ella, mientras yo me despedía de Lucy.

La pequeña me protegió. –No te preocupes, dijo, mi mamá es bien llorona, y sonrió.

Salí haciendo un saludo militar, que Lucy respondió de inmediato.

Clara abrazaba a Ana. No quise interrumpir así que sólo avisé que estaba por irme. Ana me vio, y con una enorme sonrisa me despidió.

A penas eran las doce y yo ya estaba agotado. Decidí regresar a México. Lucy sería mí único "paciente" de ese mes. Era julio. Lucy moriría en Agosto, tan sólo cinco semanas después.

En la carretera, de regreso, no pude evitar pensar en algo que Eduardo Garza[2], mi amigo y maestro, me había enseñado algunos

---

2. Eduardo Garza Cuéllar, es Maestro en Desarrollo Humano por la Universidad Iberoamericana de la Cd. de México y actualmente cursa el Doctorado en Ética y Democracia en la Universidad de Valencia, España. Director de "Síntesis", despacho de consultoría en desarrollo organizacional y humano que trabaja en los países latinoamericanos. Profesor en el postgrado de Desarrollo Humano en el ITAM y la Universidad Iberoamericana.

años atrás. Humor y humano, decía, provienen de la misma raíz latina: "humus", que significa tierra. Somos parientes del humor, afirmaba siempre el bueno de Garza.

Lucy me lo enseñaría con su vida, con lo que le quedaba de vida, en las próximas semanas.

2

—El Doctor Pato me dijo que voy muy bien, dijo la pequeña niña antes de saludarme a la semana siguiente.

—¿Quién es el Dr. Pato? le pregunté con una franca sonrisa.

—Es mi doctor, dijo divertida. ¿A poco no lo conoces?

—Pues yo no sabía que un pato atendía aquí a los niños, ¿un pato?

—Ja, ja, rió Lucy. Es igualito a un pato.

En mi mente, revisé el recuerdo de los doctores del hospital. De seguro era el Dr. Enrique, un oncólogo retirado que vivía en Cuernavaca y que asesoraba a los médicos del lugar por su gran experiencia. Ahora que lo pensaba, me daba cuenta que Enrique, siempre me había recordado al Pingüino de Batman y que incluso, alguna vez me lo había imaginado con un puro enorme, un sombrero de copa y un bastón.

—¡Ah!, ya se quién es, dije divertido. Pero ¿no parece más bien un pingüino?

—¿Un qué? dijo la niña, que no había tenido tiempo nunca en su vida para ver un pingüino en el zoológico.

—Un pingüino. Es como un pato pero trae puesto un *smoking*, dije con torpeza.

—¿Un qué? preguntó con asombro.

—Es como un traje muy elegante, negro con blanco, traté de explicar. ¡Hombre!, como el pingüino Marinela, le dije seguro que sabría de qué le hablaba.

—¿El qué?, preguntó una vez más ante mi franco asombro. No, añadió. Yo creo que no es ese, por que el Dr. Pato es igualito a un pato.

Como por arte de magia, en medio de nuestra conversación, entró acompañado de Ana, el Dr. Enrique. El pingüino, o... el pato.

Lucy, no pudo evitar sonora carcajada con la que yo supe de inmediato que hablábamos del mismo personaje. Me levanté de la silla y lancé tremendo ¡Cuac! con voz chillona.

Lucy se retorcía de la carcajada, y como era su costumbre, Ana la acompañó en ese maravilloso ritual familiar de la risa compartida sin saber siquiera de qué nos reíamos nosotros.

Como pude, me presenté con el Dr. Pato. Lucy seguía riendo. Salí del cuarto mientras el médico hacía su trabajo, y desde afuera insistí en mis "cuacs" cada minuto, los cuáles eran respondidos con una nueva carcajada. Después de un rato salí del hospital para comprarle a la niña unos "pingüinos Marinela". Tenía que enseñarle uno, aunque fuera de caricatura. Al regresar, el Dr. Pato no había salido y yo me sentí orgulloso de poder mostrarle mi regalo a Lucy. Demostré mi orgullo con un tremendo Cuac.

Cuando por fin salió, el Dr. Pato me miró con extrañeza y se despidió. Al volver a entrar, Lucy y Ana lloraban de la risa. Ana todavía no sabía por qué.

—Ay, que risa, dijo Ana retorciéndose en la cama junto a su hija. Tengo que ir al baño, confesó, o me voy a hacer pipí de la risa aquí mismo.

Lucy vio divertida a su mamá salir de la habitación. Era mi momento de mostrarle un pingüino a la pequeña.

–Mira, le dije. Este es un pingüino. ¿A poco no se parece más al Dr.?

Ella vio con asombro y gracia al pingüino y olvidándose por completo del médico me preguntó: ¿es de chocolate? Sí, le respondí, son muy buenos los pingüinos.

Sin pensarlo, y aún sabiendo que lo más probable es que Lucy no podría comerlos, abrí la envoltura de plástico para ofrecerle uno. Su reacción me dejó helado. Abriendo enormes los ojos con tristeza y asombro, me dijo: ¿qué haces?

–Quiero que pruebes un pedacito del pingüino.

–Pero, lo rompiste, me dijo, casi al borde del llanto. Rompiste al pato.

–Perdón, pero quería que lo probaras.

–Pero, ¿por qué lo rompiste?, yo se lo quería regalar a mi mamá.

–Perdón, dije nuevamente. ¿Qué te parece si estos me los quedo yo y voy a comprar otros para que se los regales a tu mamá?, ¿si?

–Con un leve movimiento de la cabeza, Lucy me ordenó regresar a la tiendita por una nueva dotación de pingüinos. En cuanto regresó Ana, salí nuevamente.

Unos minutos después, volví a entrar al cuarto de Lucy, ahora con una pequeña bolsa con cuatro de esas buenísimas mantecadas de chocolate. No quería equivocarme otra vez, y probablemente habría que regalarle también unos a Lisi, la enorme muñeca.

–Mira mami. Te regalo un pato... como el Dr. Pato, dijo divertida.

–Cuac, cuac, cuac, dijo Ana. Ya me dijeron que dices que el doctor se parece a un pato, me reclamó con una gran sonrisa la madre.

–Que no te mientan, Lucy le puso el apodo.

–¡Fue Lisi!, dijo la niña, mostrando con orgullo a su muñeca.

"Cuac" sería a partir de ese momento nuestra palabra clave. Cada vez que fuera necesaria una risa, decíamos simplemente ¡Cuac! A los pocos días, Pilar, una novicia muy joven, con una nariz interminable, se encargó de esparcir el apodo por todo el hospital. Nuestro pequeño chiste local, se habría de convertir en toda una pequeña gran leyenda en aquél lugar, que sin duda, estaba siempre necesitado de una buena excusa para reír.

Al buen Enrique, no le causaría mucha gracia su apodo, aunque él también recordaría, unas semanas después, que a veces, una buena risa es necesaria en medio del dolor tan profundo y desgarrador que provocan la enfermedad y la muerte.

Lucy tenía leucemia, y aunque yo había sido entrenado para no mirar al paciente como producto de una enfermedad sino ver a la persona sana que hay detrás del mal, la leucemia en su etapa terminal es tan cruel que me haría ver con claridad los síntomas en cada momento del próximo mes.

Ana se devoró los pingüinos en un par de minutos. Su hija y yo, la veíamos con asombro y gracia.

–Pues bueno. Los dejo un rato para que platiquen. Ya no se burlen del pobrecito Dr. Pato, ja, ja, ja. Salió con la boca toda manchada de chocolate.

–Y ¿cómo te has sentido?, pregunté.

–Mal. Me dijo por primera vez. He estado muy mala de la panza y no tengo nada de hambre. La boca me sabe a medicina todo el tiempo.

–Sí, le respondí. Las medicinas saben rete feo, pero pues ni modo ¿verdad? hay que tomárselas para que estés mejor.

–Pero yo me las tomo siempre y nunca me siento mejor, ¿por qué? preguntó de tajo.

–Por que tienes una enfermedad muy importante. ¿Importante? pensé, ¿qué clase de explicación era esa?

–Leucemia, me dijo con candidez. Se llama leucemia.

–Sí, ¿y sabes lo que es?

–Es cáncer en la sangre.

–Sí, dije.

–Y... me voy a morir

El silencio y la mirada son la única herramienta con la que uno cuenta en ese momento.

Le tomé la pequeña mano y le pregunté, ¿qué se siente?

La pregunta le tomó por sorpresa, pero por su respuesta entendí que nadie nunca, se la había hecho y que ella la quería responder.

–Se siente triste, me dijo con sencillez y una gran sonrisa.

No pude evitar llorar. Cerré los ojos y no los volví a abrir hasta que sentí a la pequeña niña dando unas palmaditas sobre mi mano que seguía sosteniendo la suya. Como siempre, el niño, el *moribundo*, acababa consolándome a mí.

–No llores. ¿O tú no vas a ayudar a mi mamá?, así no vas a poder, sentenció con la seguridad que sólo puede tener un niño.

–Sí nena, te prometo que yo la voy a ayudar, dije con firmeza.

–Pues llorón no te va a salir, dijo con una enorme sonrisa.

–Muy bien. Pues te prometo que voy a hacer lo posible por no llorar más. Pero si se me sale me perdonas ¿verdad?

–¡Cuac! me dijo con tremenda carcajada, mientras escondía la cara entre las sábanas de su cama..

—Pues ¡cuac! para ti, le contesté, tratando de arrebatar con cariño la sábana.

Un pequeño silencio se apoderó de la habitación. Era ya un silencio diferente, surgía de la maravilla de poder acompañarnos y de la fuerza de la sonrisa franca de la niña.

—No tengo nadita de miedo, ¿sabes por qué?

—No, ¿por qué?

—Por que ya me dijo Lisi, que ella se va a quedar a cuidar a mi mami, y a la Hermana Clara y hasta al Dr. Pato, dijo con certeza.

—Y tú ¿qué crees que va a hacer Lisi por ellos?

—Pues, cada vez que mi mamá me quiera dar un abrazo a mí, se lo va a poder dar a Lisi, mira, es casi de mi tamaño.

—Uy, que lista. Yo creo que tu mamá va a cuidar también mucho de Lisi ¿no?

—Claro. Como si fuera yo, dijo. Además, Lisi también sabe hacer reír a mi mamá.

—¿Tu crees?

—Claro.

—Y es que es muy importante que tu mami se ría, ¿verdad?

—Sí. Hasta parece que no sabe hacer otra cosa. Ja, ja, rió con apertura.

—Oye Tantra, ¿me prometes que vas a hablar con Lisi?

—Y ¿qué le tengo que decir?

—Que haga todo lo que ya le dije ¿ok?

—Bueno, pero luego me tienes que decir todo eso que le dijiste, para que yo pueda estar seguro que lo haga siempre, ¿te parece?

—Sí

–¿Me quieres decir algo de eso hoy?

–Sí.

–Es más, ¿por qué no hacemos una lista?, así no se me va a olvidar nada de lo que me digas.

–Bueno, pero hoy sólo te voy a decir tres cosas ¿eh?, no bueno, sólo dos.

–Bueno, ándale, sólo dos. A ver, ¿cuáles son?

–Primero, que cada vez que mi mami se ponga llorona, Lisi la abrace y la deje llorar, por que luego mi mami no quiere llorar conmigo.

–Ok, tomo nota de eso. ¿Qué es lo otro?

–Que cuando sea Navidad, Lisi le regale a mi mamá el dibujo que le estoy haciendo yo.

–¿Me dejas verlo?

–No. Todavía no lo acabo.

–Y cuando lo acabes, ¿lo puedo ver?

–Claro. Porque tú me tienes que conseguir un sobre grandote para meterlo ¿si?

–Bueno, te prometo que traigo el sobre la próxima semana.

–Bueno.

Ana entró seguida de una de las enfermeras. Había pasado ya casi una hora. Era increíble cómo había volado el tiempo.

La enfermera me hizo una seña con la esponja para decirme que era hora de bañar a la pequeña. Me despedí. Di un fuerte abrazo a Lucy y otro a su madre. Salí del cuarto después de hacer mi pequeño ritual, y me dirigí a la capilla. Tenía que tratar de entender qué había pasado en la última hora y cómo podría traducir todo eso que me había dicho la pequeña para acompañar de mejor manera a su madre. El mensaje como siempre era claro, ella estaba lista para morir, estaba cansada y harta de estar siempre enferma. Su madre no.

3

Pasé toda la siguiente semana buscando el tiempo para ir a una de esas enormes papelerías que parecían estar multiplicándose por toda la ciudad en los últimos años. Era muy importante encontrar un sobre grande y, mucho más importante localizar un pequeño cuaderno, en el que Lucy pudiera escribir ella misma, la lista de tareas que me estaba encomendando a mí y desde luego, a Lisi la muñeca.

La semana laboral fue terrible. Llegado el viernes en la noche, me di cuenta que sería imposible ir al hospital al día siguiente. Era necesario ir a la oficina en sábado para arreglar una serie de asuntos importantes que no podrían esperar.

Desde hacía un año, me había auto impuesto una especie de política de trabajo en la que sin excusa, dejaría siempre libres al menos los domingos. Lucy, estaba tan bien, pensé, que podría esperar una semana más para dictarme su importante lista. Por poco me equivoco.

Llamé a la Hermana Clara a eso de las 11:00 a.m. del sábado, sin recordar que esa semana estaría de regreso en su tierra, Quebéc, para una serie de reuniones con la Madre General de su Orden. Hablé con Pilar, la novicia, quien me aseguró que le haría llegar a Ana y a Lucy mis disculpas. Era muy importante que les asegurara que la semana siguiente estaría ahí sin falta.

A las siete de la tarde, habíamos por fin terminado de redactar los contratos en mi oficina y podría salir a buscar el sobre y la libreta. Encontré un sobre que me pareció lo suficientemente grande para el dibujo y un pequeño diario, con cerradura y todo, que me pareció lo suficientemente cursi y adecuado para que la niña pudiera escribir ahí sus encargos.

La semana transcurrió como muchas otras, saltando de un asunto a otro, casi sin tiempo para pensar en otra cosa. Sin embargo, cada vez que me encontraba en silencio, venía a mi mente, la imagen de Lucy y de Lisi. Era inevitable, cerraba los ojos y sonreía al recordar la extraordinaria cara de esa pequeña niña, que sin saberlo, ya estaba cambiando mi vida.

El viernes, decidí dormirme temprano para salir a primera hora hacia Cuernavaca. En el asiento del copiloto de mi camioneta podía ver, dentro de una bolsa de plástico blanca, el sobre y el cursi diario, rosa con amarillo, que había comprado para la pequeña.

Desde que entré por la puerta principal del hospital, sentí que algo faltaba. El silencio, común por supuesto en un centro médico, era distinto al de otras veces. Es que no está Clara, pensé, y me dirigí con prisa hacia la habitación 108. La puerta estaba cerrada –normal–, pero un letrero rojo que decía "Visitas Restringidas. Consulté a la enfermera de guardia", me impidió el acceso.

De inmediato me dirigí a la estación de enfermeras sin encontrar a alguien. Caminé por el largo pasillo, en la dirección contraria al cuarto de Lucy, sin ningún éxito. Conforme pasaron los minutos, segundos probablemente, me fui sintiendo cada vez más nervioso. Empecé sin darme cuenta a recriminarme por no haber visitado a Lucy la semana anterior. No me perdonaría el no poder despedirme de ellas, si algo había pasado.

No te hagas fantasías catastróficas, me dije en voz alta. No ha pasado nada.

Al girar sobre el pasillo, vi en el fondo al Dr. Pato, quien salía de uno de los cuartos acompañado de una mujer mayor y de una enfermera. En medio de mi inquietud, me dieron ganas de regañarla por no haber estado en la estación al momento en que la busqué. Estaba enojado, en realidad, asustado.

Me acerqué con cautela, pues era evidente que las noticias que el Dr. Pato le estaba dando a aquella señora de pelo blanco, no eran buenas. Al terminar, la enfermera acompañó a la mujer de regreso al cuarto, y el médico quedó solo en el pasillo a merced mía.

–¿Por qué no se puede entrar al cuarto de Lucy?, le pregunté de manera súbita.

–Buenos días para ti también, me dijo el hombre-pato con sarcasmo.

–Buenos días doctor, dije sintiéndome niño de primaria.

Una pausa. Tenía ganas de sacudirlo para obtener una respuesta.

Mediante una narración casi indescifrable, el médico me trató de explicar que Lucy había tenido una fuerte recaída. Entiendo que los doctores buscan las palabras más complicadas para explicar algo grave, por su propio miedo a enfrentar la dolorosa verdad de sus pacientes, pero en ese momento hubiera bastado con una explicación simple y directa.

–¿Puedo pasar a verla?

–No es prudente, dijo tajante el médico, al que viéndolo bien, sí se parecía más a un pato que a un pingüino.

–¿Podría hacerme un favor? Necesito que Ana, sepa que estoy aquí. Tengo algo para darle a Lucy.

Con un poco de desgana, el médico asintió y se dirigió al cuarto 108. No fue necesaria su intervención, al acercarnos, vi salir a Ana. Se veía cansada y era evidente que había pasado llorando buena parte de la mañana. Por primera vez, le vi aquellas enormes ojeras que no la abandonarían ya en todo el mes de agosto.

Me acerqué nervioso y apenado, por no haber cumplido mi compromiso de la semana anterior. Ella lo notó de inmediato y me recibió con tremendo abrazo y un "se me muere mi niña" susurrado en mi oído.

Olvidándome por completo que el Dr. Enrique estaba detrás de mí, le pregunté ¿qué te dicen los doctores?

–Lo de siempre, me dijo con coraje, sin importarle tampoco a ella la presencia del médico. Que están haciendo todo lo posible, pero como siempre, lo posible no parece ser suficiente.

Al percatarme de lo incómoda que nuestra conversación sería para el médico, invité a Ana a tomar un café y a platicar un rato. Giré para explicarle en silencio al doctor que eso sería lo mejor, y para mi sorpresa nos preguntó que si estaba bien que él nos acompañara. Estoy muy cansado, dijo, y un cafecito me caería de lo mas bien. No parecía haber escuchado nuestra conversación anterior, aunque por la distancia a la que nos encontrábamos era evidente que sí lo había hecho.

Enrique era un hombre de unos setenta años. Bajito y con una calva que bien podría servir de espejo para alguien de mi estatura. Siempre estaba serio, en su actitud de experto. ¿Cómo será en su casa, con sus nietos? me pregunté, y por unos segundos me lo imaginé divertido, haciendo como pato, mientras perseguía a sus nietos por el jardín de su casa.

No sabía bien a bien para qué habíamos accedido a su compañía en ese momento pero lo hicimos los dos al mismo tiempo. Claro doctor, dijimos como si nos hubiéramos puesto de acuerdo.

Ana encontró rápidamente una pequeña mesa junto a la ventana del café de la planta baja. Me ofrecí a comprar los cafés.

Dos americanos para ellos y un Capuccino para mí. Cada vez que pedía uno de éstos, me acordaba que mi tía, italiana, me regañaba diciendo que el Capuccino sólo lo tomaban *"i tedeschi"* –los alemanes– como si aquello fuera un pecado gastronómico.

Con mi culposo café y los dos horribles americanos sobre una pequeña charola de plástico, regresé a la mesa. Ana y el Pato hablaban de la condición de Lucy, por lo que me senté en silencio para entender con mayor claridad qué era lo que estaba pasando.

Bastaron sólo unos minutos, para que de manera definitiva viera en el Dr. Pato la grandeza humana que sólo puede llegar con la experiencia y la madurez. Contrario a lo que yo hubiera pensado, le explicó con detalle, claridad y cariño a Ana, que su hija difícilmente sobreviviría el mes de agosto. El avanzado estado de su enfermedad, ya irreversible desde hacía algunos meses, se aceleraría en los siguientes días. No pasaría mucho tiempo, para que los principales órganos empezaran a fallar.

Las madres y padres de los niños moribundos normalmente saben, y lo saben claramente, que sus hijos morirán. Sin embargo, el vínculo que los une es tan grande y tan poderoso que buscan sin respiro cualquier posibilidad de triunfo sobre la enfermedad. La injusticia y el aparente "sin sentido" de perder un hijo, no les permite claudicar ante una sentencia, la mayor parte de las veces, inapelable.

Puse más atención a la forma en la que el ya famoso Dr. Pato, le explicaba las cosas a Ana, que en el contenido. Enrique sería para mí un gran maestro. El viejo pato, se había ganado mi cariño en tan solo veinte o treinta minutos. Lo había hecho extraordinariamente bien. Como siempre, la verdad, dicha de frente, sin cortapisas pero con cuidado y pausa, es mucho mejor que la verborrea técnica que proviene del "experto".

Ana podía empezar su duelo. Aquello era una bendición.

Con el último sorbo a su café americano, Enrique se despidió de nosotros. Me levanté y me dio un abrazo de despedida, al tiempo que me dio las gracias "por la oportunidad". Yo no entendí claramente por qué me agradecía a mí, pero con la confusión no pude más que decirle algo así como "no tienes por qué agradecerme, al contrario".

El médico se alejó a paso lento, y Ana, que era en ese momento una verdadera licuadora de sentimientos encontrados, soltó un tremendo ¡Cuac! que le salió del alma y de todo el coraje que sentía por la inminente muerte de su pequeña hija. Aquella bendita palabra, provocó una sonrisa casi imperceptible en la cara del buen Dr. Pato, una carcajada en mí, y un llanto incontenible en la mujer.

Era la oportunidad del silencio, ese que acompaña y ayuda.

Ana lloró y lloró.

Al subir por la escalera recien pintada, pensé que aquél pequeño letrero rojo sobre la puerta del 108, no sería suficiente para impedirme el acceso. Había olvidado por completo el sobre y el diario, y no sabía siquiera dónde había dejado aquella bolsa blanca de plástico. Me sentí mal, como cuando uno pierde las llaves o la cartera. De inmediato, le dije a Ana que me disculpara, que la alcanzaría en el cuarto en unos minutos. ¿Dónde estaba la maldita bolsa esa?, ¿qué demonios le había hecho? Fui a la estación de las enfermeras del primer piso. No estaba. Revisé con cuidado el pasillo. Tampoco. Bajé nuevamente a la pequeña cafetería. Nada.

–Estúpido, me dije. No tenía idea dónde estaban aquellos importantísimos regalos.

Casi derrotado, me dirigí al cuarto de Lucy. Toqué. Silencio.

Esperé afuera un par de minutos. Toqué de nuevo. La puerta se abrió lentamente. Podía ver a Ana, en medio de la oscuridad. La niña dormía junto con Lisi.

¿Puedo entrar un segundo? pregunté. No hubo respuesta sonora, pero la puerta se terminó de abrir, invitándome a pasar. Entré. Aquella no era Lucy. No podía ser la misma niña que hace quince días me sonreía con aquella luminosa mazorca de dientes blanquísimos. Parecía un pequeño fantasma, pálida, casi traslúcida. Sus enormes cachetes habían desaparecido en tan sólo quince días. También había perdido mucho pelo. Parecía estar incómoda. Su sonrisa genial se había transformado en una mueca. Estaba dormida, pero era evidente que no estaba bien.

Ni el diario, ni el sobre hubieran servido, pensé. Lucy no despertaría esa mañana.

Me sentía de lo más incómodo. ¿Qué hago? pensé nervioso. Ningún libro te explica qué hacer en ciertos momentos. Hice lo único que se me ocurrió: nada. Me recargué contra la puerta y observé con miedo a la pequeña niña y a su muñeca gigantesca. Ana me salvó.

–Pobrecita. Está muy cansada. Ha sido una semanita terrible. Yo le digo que viniste, me dijo con cautela.

De inmediato capté el mensaje. Ana necesitaba estar a solas con su hija y su dolor.

–Bueno mi querida Ana, me voy. ¿Nos vemos el sábado?

–Sí. Si quieres. Me dijo con algo de desánimo y como recriminándome que no había ido la semana anterior. Me sentí culpable.

–Te prometo que aquí nos vemos, dije con mucha pena mientras abría la puerta.

–Psst, psst.

–¿Qué pasó?, le pregunté intrigado.

Pude ver en medio de la oscuridad, su enorme y cálida sonrisa.

—¿Y nuestra oración?, me preguntó con cariño. Me había perdonado.

—Ah, perdón. Ando en la luna.

—Nada te turbe, nada te espante...

Al acercarme a la camioneta, pude ver la bolsa blanca sentada, como esperándome, en el asiento del copiloto. De verdad que estás en la luna, me dije con coraje. Entré al coche sofocado por el calor, aquello parecía un horno. Toqué la bolsa, como para asegurarme de que su contenido seguía ahí.

Enojo. Miedo. Culpa.

El siguiente martes era mi cumpleaños. Comí con mi mamá y cené con algunos amigos. Era necesario recargar la pila, y celebrar. La vida sigue. La muerte está ahí, para recordárnoslo.

4

El miércoles marqué al hospital para preguntar por Lucy. Estaba mejor. El jueves, peor. El viernes mejor. Si yo me siento así, ¿cómo se sentirá Ana?, pensé.

Llegué el sábado a eso de las 9:00 a.m. Nunca había llegado a esa hora. Me dirigí sin pensarlo demasiado a la habitación 108, con la bolsa de plástico en la mano. Ya no estaba el letrero. Buenas noticias, pensé.

Toqué la puerta, y de inmediato escuche una salvífico ¡Cuac!

—Y ¿cómo sabías que era yo?

—Te vimos llegando al estacionamiento, me dijo Lucy ya muy recuperada.

Como impulsada por un resorte, Ana se levantó. Me causó mucha gracia verla con un par de docenas de tubos en la cabeza y una pañoleta –española– por supuesto, tratando de cubrir aquellos artefactos de peluquería de los sesenta, que siempre me habían parecido de lo más ridículos.

–¿Qué me ves *tantra*?, preguntó divertida.

Miré a Lucy, y le cerré un ojo divertido.

–Pues ¿qué demonios traes pegado a la cabeza, tú? La niña se divertía.

–Es la clave de mi extraordinaria belleza, ja, ja. Dijo la gorda mujer divertida. Verás que quedo tan bonita como la Doña.

–Más bonita, dijo con complicidad la niña.

–Ya veremos, le dije al tiempo que nuevamente le guiñaba a la pequeña.

Ana nos informó, que iría al baño del final del pasillo para ponerse guapa. Era mi oportunidad para mostrar los regalos.

–Mira qué te traje, le dije abriendo la bolsa de plástico.

–Por fin, me reclamó Lucy, al tiempo que hacía a un lado a Lisi la muñeca.

Rápidamente sacó el sobre.

–¿Sirve para tu dibujo?, le pregunté.

–Per-fec-to, me respondió, haciéndose la pesada.

–¿Y esto? dijo mientras sacaba el cursísimo diario rosa con cerradura, al tiempo que abría los ojos como balones de fútbol americano.

–Es para que escribas la lista de encargos... o lo que tú quieras. ¿Te gusta?

–Está padrísimo. ¿Y la llave?

¡La llave! ¿dónde demonios estaba la llave?

Arranqué el diario de las manos de la niña y empecé a buscar la maldita llavecita. Lucy me veía divertidísima.

—Pero cómo se te ocurre *tantra*. ¿Sin llave? me dijo burlona.

—Aquí está, dije con voz de triunfo. La llave.

Lucy no paraba de reír. Nuevamente pude ver la mazorca blanquísima, pero esta vez, coronada por unos labios que parecían los de un niño ruso en medio del más crudo de los inviernos. La enfermedad seguía haciendo estragos, a pesar del buen humor de la enferma.

En un acto que sólo es creíble en un niño de esa edad, Lucy me aventó los brazos para darme tremendo abrazo y decirme: Te lo ganaste *tantra*, ya te quiero, ja, ja. Me sentí feliz.

—¿Quieres que apuntemos algo en el cuaderno?, ¿ya acabaste tu dibujo?

—¡Shhhh!, que no ves que si viene mi mamá y te ve el dibujo, se amuela la sorpresa.

—Ah, sí, tienes razón. ¿Qué hacemos?

—Me meto entre las sábanas y meto el dibujo en el sobre y tú cuidas la puerta para que mi ma, no entre ¿ok?, ordenó Lucy.

—Ok, dije alzándome de la silla para resguardar la puerta. —No hay moros en la costa, dije.

—¿Qué no hay qué? preguntó la niña mientras se sumergía en la enorme cama.

—Olvídalo, le dije... que no viene tu ma.

—Ah, ok. Ya casi lo meto, dijo sin importarle un cuerno qué eran los moros y de qué costa estaba yo hablando.

En ese momento me di cuenta que quería explicarle qué era un moro, que quería llevarla a conocer el mar, que me gustaría que mi familia la conociera a ella, que quería que me acompañara a escoger un marco para su dibujo, que no quería que aquella niña con boca de mazorca blanquísima se muriera. Faltaban sólo dos sábados más, para que Lucy nos dejara. Yo, por supuesto no lo sabía en ese momento, pero sabía que quería detener el tiempo. Me dieron ganas de gritar, y nuevamente me salvó un cariñoso ¡Cuac! Lucy, había terminado su inmersión a la enorme cama y salía de entre sábanas, almohadas y tubos de plástico, mostrando por encima de su cabeza, orgullosa, el enorme sobre amarillo.

–Rápido, dame un plumón

–¿Para qué? le dije con la voz todavía rota por la impotencia

–Pues para apuntar el nombre de mi ma, en el sobre.

–Escóndelo que voy con las enfermeras a buscar uno. Dejé la puerta abierta y salí a la estación de las enfermeras. Para variar, no había nadie, pero sobre el tablero de la computadora, vi uno de esos plumones para pizarrón blanco. Lo tomé, ya habría tiempo para regresarlo luego.

–Toma, le dije.

–No pero yo quiero uno azul, dijo.

–Ah, mire nomás usted, se me pone exigente. Es el único que hay.

–Bueno, dijo chantajeándome. Ni modo.

"mami ana", escribió la niña. Me extendió el sobre.

–Órale *tantra*. Córrele al coche para que mi ma no lo vea, dijo con prisa y excitación Lucy. Tú tampoco lo puedes ver hasta que yo diga ¿eh?, sentenció.

–Pero no te puedo dejar sola, le respondí. Ni modo que te quedes tú aquí "solapas", dije haciéndome el gracioso.

–Pues llámale a alguien para que se quede conmigo, me dijo, desesperada.

–Voy, voy. Aguanta, dije mientras me asomaba por la puerta.

Ana estaba ya caminando de regreso del baño.

–Ahí viene tu mamá, dije mientras me metía el gigantesco sobre en la espalda por debajo de la camisa, haciéndome cómplice del juego y la excitación de la niña.

–¡Aaaaa! gritó Lucy con la voz más aguda que yo jamás había escuchado.

–Shhh, le ordené divertido, que van a pensar que te pusiste mala.

Carcajada extraordinaria. Para enlatar. Aaaaa, ja, ja, aaaaa, ja, ja.

Ana entró corriendo, y en segundos –como siempre– se contagió de la risa de su hija. Su alegría se multiplicaba siempre por dos. Era absolutamente genial.

Aproveché la locura familiar para salir hacia mi camioneta. Dejé el dibujo en la cajuela y cerré. Me dirigía hacia la entrada del hospital cuando me detuve súbitamente. Tenía que ver ese dibujo. Regresé sin pensarlo al coche. Abrí la cajuela. Tomé el sobre. Tú tampoco lo puedes ver hasta que yo diga, recordé que me había ordenado la pequeña generala.

Qué más da, pensé. El dibujo me servirá para acompañarla mejor.

No pude abrir el sobre. Sentía que estaba violando una privacidad que me había sido impuesta y que aquello debía tener algún sentido. Lo metí nuevamente en la cajuela. La curiosidad duraría toda la semana. Para evitar la tentación, coloqué el dibujo debajo de un impermeable desechable que alguna vez me regalaron y que mantengo en la cajuela del coche por si alguna vez es útil.

Es gracioso, pero la curiosidad casi no me dejó dormir esa semana. Me daba risa.

–Es sólo un dibujo de una niña de ocho años, me decía mientras daba vueltas en mi cama.

Era mucho más, aprendería unos días más tarde. Era lo que daba sentido a la vida de esa niña. Era la respuesta primera al ¿para qué? de su vida. Era el inolvidable regalo, que la Hermana Clara me había advertido que recibiría.

La siguiente semana, una antes a la muerte de la pequeña Lucy, regresé al hospital. En la cajuela de mi coche, descansaba el enorme sobre con su pequeño rótulo "mami ana", resguardado debajo de un arrugado impermeable azul marino cuyo olor me recordaba de manera automática el enorme tablero de un juego que teníamos en mi casa de infancia, que se llamaba "Twister". Olía rico, a inocencia, a risas, a diversión, a familia.

Es increíble lo que puede hacer el cáncer con el cuerpo de alguien.

Lucy, empezaba a irse físicamente, mucho más rápido de lo que Ana, Clara, el Dr. Pato y yo, estábamos dispuestos a aceptar. Sin embargo, la chispa seguía ahí. Los "cuacs", cada vez más débiles, seguían acompañando las muy pocas horas de sábado en las que pude estar con ella.

Las instrucciones que la niña quería dejar, se fueron plasmando poco a poco, en el cursísimo diario rosa con amarillo que era resguardado por una pequeña llave. Lucy, había cambiado de opinión. Ella escribiría las instrucciones en el diario, y me entregaría la llave cuando pensara que ya había terminado. Yo no podría abrir ni el diario, ni el sobre para ver el dibujo. Eran para su mamá y ella tendría que abrirlos después de su partida.

Lucy ya sabía, cuándo, dónde y cómo moriría. Nunca he entendido cómo funciona, pero así es. Las personas elegimos nuestras muertes, en un proceso intuitivo que no necesita de la razón. Lucy, había elegido el sábado 23 de agosto a las 11 y media de la mañana. Faltaba sólo una semana.

5

A mucha gente con la que hablo, le cuesta trabajo entender cuando les digo que existen momento de muerte más bonitos que otros. Así es. El de Lucy fue de los bonitos.

A las 10:30 a.m. llegué a la puerta de su cuarto. El Padre Julián, estaba saliendo.

Buenas intenciones, malas noticias.

Ana sostenía la mano de la pequeña Lucy. Por primera vez, Lisi estaba tirada a un lado de la cama. No había quién le pusiera atención en ese momento. La recogí, la sacudí un poco y la acosté junto a la niña, dentro de las sábanas. Ana me sonrió sin ponerme demasiada atención. Me alejé unos pasos y descubrí en el pequeño sillón a la Hermana Clara, quien Gracias a Dios, había vuelto a tiempo de Canadá, sentada junto a Carmela, la hermana mayor de Ana. Las saludé a ambas con una pequeña flexión del cuello. Hicieron lo mismo. Ambas rezaban un rosario juntas.

Buenas intenciones, malas noticias.

El Dr. Pato entró a la habitación y consumó un ritual al tiempo inútil para la enferma pero reconfortante para la madre. Revisó el expediente que cuelga de una pequeña cadena en la cabecera de la cama. Hizo como si lo leía. No había ahí nada que el experto médico no supiera. Tocó la frente de la pequeña.

Era su modo de despedirse, pensé.

No lo era. El Dr. Pato nos tenía guardada una sorpresa maravillosa. Al momento de sentir la cálida mano del médico sobre su frente, Lucy abrió los ojos con dificultad. Lo enfocó con mirada seria.

El médico se acercó a su oído y con todo el cariño de que era capaz dijo: ¡Cuac, cuac, cuac!

Lucy, con trabajo, mostraba por última vez, aquella mazorca blanquísima.

Me llevé ambas manos a la cara y las deslicé hacia la barba en un gesto espontáneo de emoción total. Lloré agradecido por ese regalo generoso y extraordinario de aquél viejo médico.

Ana lo miró con un amor que no es posible explicar. El Dr. Pato lo agradeció, dándole una cariñosa palmadita en la cabeza. Me miró, le cerré ambos ojos por un segundo como queriéndole mandar un abrazo fuerte de gratitud. Asintió con la cabeza y en silencio se marchó.

Clara lo vio con orgullo y cariño mientras salía. Carmela, no entendía nada. Eran las 11:15.

El diario rosa y amarillo, cursi y con llave, estaba sobre la mesa de noche, entre el viejo teléfono y la feísima lámpara de artesanía que apenas iluminaba un poco más allá de la mesita. Ana se dio cuenta que mi atención estaba sobre aquél cuaderno. Lo tomó con la mano izquierda, sin soltar en ningún momento a su hija y extendió el brazo para entregármelo.

–No... es para ti. Le dije. Luego te explico.

–No puedo, Tantra, por favor quédatelo y luego lo veo. No puedo, lloraba inconsolable.

Lo tomé. Clara se levantó para abrazar a Ana.

Lo guardaría unos días sin abrirlo, luego se lo entregaría a Ana, pensé. Eran las 11:20.

La Hermana Clara, tiene una intuición especial. No sé si será la experiencia, o Dios, que le avisa, pero siempre sabe unos minutos antes, que el pequeño enfermo está ya listo para irse.

–Dile lo que sientes, Ana. Díselo ahora, le ordenó con todo el cariño que aquella monja es capaz de dar.

Ana entendió el mensaje de inmediato. Tomó fuerte la mano de la pequeña Lucy y en efecto, le dijo todo lo que sentía. Le explicó quiénes estábamos ahí, y le aseguró que todos la queríamos mucho. Lucy abrió los ojos. Sonrió. Esta vez, sólo con los ojos. Luego, Ana abrió su corazón de madre y se lo entregó a su hija.

Lo hizo muy bien. Eran las 11:30. Lucy murió.

Era sábado.

6

Exactamente un mes después del funeral habíamos quedado de vernos nuevamente Ana y yo. Lo haríamos ya en la Ciudad de México, por primera vez, en un café-librería que está en Polanco.

Llegué casi una hora antes. Me senté dejando en la silla de al lado, aquél enorme sobre que ya olía como el *Twister* y el pequeño diario rosa y amarillo, ambos cerrados. Elegí una mesa cerca de la terraza, bien protegida por una columna y una planta. Sabía que sería un momento muy duro para Ana, y para mí.

Ana llegó, al poco tiempo. También se le había hecho temprano. Desde mi mesa, podía ver la entrada que daba a la calle y el *Valet Parking*. Al verla salir de su pequeñísimo automóvil, me vino de inmediato la imagen de ambas, madre e hija, revolcándose de la carcajada en la cama del hospital de Cuernavaca. Verla, era como una bendición.

Me puse de pie, e inmediatamente me vio desde la banqueta. Hola mi *tantra*, me dijo con alegría, casi cantando. No me esperaba esa actitud. Hola, le contesté en silencio, sólo moviendo los labios y la mano derecha.

Cuando se acercó, nos dimos un abrazo cariñoso. Ana ya estaba mejor. Nos sentamos y hablamos de todo y de nada. Como siempre, me contó algunos chismes con la gracia que le caracteriza. Me habló de su dolor, de su vacío, pero también me recordó la sonrisa de su hija y la paz que ahora sentía, o creía sentir.

Luego de un silencio y un par de cafés, llegó el momento de abrir los regalos. Se sentía como Navidad.

Abrió primero el diario. La famosa llavecita seguía colgada de un hilito negro que contrastaba con la portada floreada y exageradamente rosada y amarilla.

Sólo se habían usado cuatro páginas. Las primeras dos, ya las conocía.

"Abrasa a lisi cuando me quieras acordarte de mi".

"Lisi te va a cuidar y te ara que te rias como hoy".

La tercera, me pone a pensar todavía y me hace constatar cómo una niña pequeña, con una enfermedad terminal, puede entender la muerte y la trascendencia mejor que cualquier adulto en esa misma situación.

"Planta una planta y ponla en una maseta en la cosina".

La cuarta página era un regalo para Clara y para mí, con una contundente instrucción para Ana.

"Buelbe al hospital para decirle a otras niñas que nada te turbe nada te espante dios nos se nuda y solo dios vasta".

–Gracias *Tantra*, me dijo con lágrimas en los ojos.

–Gracias a Lucy, le dije con torpeza.

Tomé el sobre. Mi curiosidad era enorme.

En cuanto Ana notó el rótulo, abrazó con cariño aquél sobre con olor a infancia e hizo una pequeña pausa. Lo abrió con cuidado y sacó de él una hoja blanca.

Era el dibujo de una gran sonrisa. Sin ojos. Sin nariz.

Sólo una sonrisa enorme, que mostraba orgullosa una gran mazorca, de dientes blanquísimos.

2

Paco
El dolor

1

Los niños parecen más enfermos de noche que de día. Por alguna razón, las noches suelen ser mucho más difíciles para los padres, que la mañana o la tarde. Quizá, el miedo de las sombras incrementa el dolor, o quizá, como me lo enseñaría Paco, el dolor es ahuyentado por el cariño y el acompañamiento que durante el día parece más claro y luminoso.

La Hermana Laura era una mujer mucho más pragmática que cariñosa. A veces, incluso parecía dura y lejana. Se defendía. Había visto y sentido demasiado dolor durante los más de treinta años que había dedicado al cuidado de enfermos de todas las edades.

Era una mujer extraña. No parecía compartir la misma espiritualidad que caracterizaba a sus demás hermanas, y sin embargo algo hacía que los niños y niñas del primer piso, confiaran en ella más que en otras personas que los visitaban, enfermeras, médicos, trabajadores sociales, incluso el Padre Julián, quien dedicaba un buen número de horas a la semana para tratar de aliviar un poco el dolor de aquellos pequeños.

Laura era la única monja del lugar que utilizaba su cofia de enfermera, durante las largas jornadas de trabajo. Era siempre la primera en llegar, y la última en irse. Su obsesión por las cuotas de energía eléctrica, rayaba en ocasiones, en lo ridículo. Apagaba luces de cuartos, bodegas y pasillos aún cuando algunas personas trataban de distraerse con algún libro o simplemente de conversar en las más difíciles horas de la noche. El extremo se dio el día que desconectó las máquinas dispensadoras de botanas y refrescos que se encontraban junto a la recepción en la planta baja. Estoy seguro que las noches anteriores se revolvía en su cama, angustiada, pensando que aquellos monstruos traga energía, estarían conectados a la red eléctrica toda la noche. Finalmente un día no pudo más. Se acercó decidida y las desconectó.

Laura había desarrollado con los años, una escala de dolor, que nos enseñaba a todos quienes asistíamos con cierta regularidad al hospital. El dolor físico, ese que se convierte en dolor humano para padres, hermanos y amigos, pasaba por una gama cromática que la creativa monja se había inventado.

La primera vez que escuché esta colorida escala de dolor, pensé que se trataría de una metodología científica desarrollada por algún especialista en el tema. No era así. La monja nos advertía del nivel de dolor que los pacientes sentían en una especie de clave, como para prevenirnos o darnos paso libre para hacer, cada uno, nuestro trabajo.

El dolor, parecía transitar desde el frío azul hasta el hirviente rojo. Azul de ibuprofenos o paracetamol, verde y anaranjado de codeína y rojo de morfina.

En el último mes, sin saber bien por qué, yo había evitado el encuentro con aquella religiosa. Sabía, sin embargo, que era la enfermera asignada a Paco, de la habitación 112. Nuestros horarios el sexto día de la semana no coincidían normalmente, pero tanto este, como el sábado anterior, parecía toparmela en cada esquina de cada pasillo.

–Ten paciencia, me dijo la extraña monja sin saludar, Paco amaneció con un dolor tan rojo como las rosas del jardín de abajo.

–Gracias hermana, le dije, ahora voy a visitarlo un rato.

Era curioso, pero hasta ese día yo no había notado que hubieran rosas en el jardín, al que tanto me gustaba bajar al menos unos minutos cada sábado. Ahí estaban, y pronto descubriría que en efecto, eran tan rojas como el dolor de mi amigo Paco.

Francisco Javier, tenía siete años y una metástasis terrible. Era difícil encontrar un niño tan agradable como él. Todo había empezado hacía tan sólo un año antes, cuando el Dr. Gabriel, le había tratado de explicar sin mucho éxito a la madre, que el niño había desarrollado un Neuroblastoma, pero que por desgracia nadie lo había notado y que ahora sería terriblemente difícil atacar la enfermedad.

Paco, era uno de esos pacientes que hacen que uno se pregunte con seriedad si es peor la enfermedad o la medicina. Dos operaciones, quimioterapia y alguna sesión de radioterapia habían logrado poco avance contra el cáncer que seguía en expansión, pero mucho daño en el pequeño Paco. Sin pelo, con vómito todas las semanas e infección tras infección de garganta, este niño de siete años, parecía un anciano de noventa.

Finalmente la semana anterior, Gabriel se daba oficialmente por vencido. No había nada mas que hacer[3]. Paco iba a morir.

Yo le llamaba Paco-San. Se me ocurrió un día, de esos terribles, en los que me quedo mudo frente al paciente, no sé qué demonios decir mientras este, se me queda mirando como diciendo, bueno,

---

3. Los médicos deben entender que siempre hay algo que hacer. Ese es en buena medida el trabajo del tanatólogo. Mientras la persona está viva, y aún después, siempre habrá algo que hacer.

pues si no me platicas más, vete. Es horrible. Ese sábado en particular yo tenía pocas cosas que contar y tampoco tenía mucha paciencia para el silencio.

Paco me veía con seriedad, los minutos pasaban y yo, sin decir nada. Él tampoco. Mi trabajo era acompañarlo y siempre había creído que manejaba bien el silencio, pero ese día sencillamente no me salía nada bien. Finalmente interrumpí el incómodo momento.

–¿Sabes que así, sin pelo, eres igualito a Kung Fu?, dije torpemente pensando que Kung Fu era un señor que practicaba Karate y no el Karate en sí mismo.

–Y tú con pelo eres igualito a un chango, me dijo haciéndose el ofendido

–No, en serio. Te pareces a Kung-Fu, dije, esperando que me preguntara quién era ese, o eso. No lo hizo por supuesto. Quería ganar la pequeña batalla que a veces se da entre adulto y niño.

Silencio. Paco: 1, Carlo: cero.

–Aayyaaa, grité al tiempo que di un karatazo en su cama.

Paco se tragó la risa, para no mostrar que acababa de empatarse el marcador.

–Tú estás loco, chango.

–Iiiiiiiaaaaaah, un nuevo karatazo, esta vez a la almohada.

Carcajada. Paco: 1, Carlo: 2. Victoria.

–¿Qué haces chango?

–Pues hago lo que Kung Fu, tu gemelo, dije seguro de que la pregunta llegaría.

–¿Y qué es eso?

–Pues es un deporte de lo más raro que hacen en Japón (nuevo error, el Kung Fu es un arte marcial originado en China)

—¿Y por qué gritan?

—Para concentrar toda la energía en el lugar en el que quieren dar el karatazo, dije con voz de experto (parece que aquí me equivoqué menos).

—Aiiaiiaiaaa, dijo el pobre de Paco tratando de dar un karatazo sobre mi brazo

—Ahora si que eres idéntico al tal Kung-Fu, así que de ahora en adelante, vas a ser Paco-San.

—¿Paco qué?

—Paco-San. Así nos decimos los camaradas en Japón, de donde segurito tú eres.

—Yo soy de México, dijo con autoridad.

—Claro pero como estás pelón y te pareces a Fu, vas a ser a partir de ahora Paco-San, ¿ok?

—Pues tú vas a ser Chango-San, dijo nuevamente tragándose la risa con orgullo.

—Bueno. Chango-San va ahora a visitar a otro chino en problemas, dije divertido mientras me despedía haciendo una reverencia y juntando las manos como los santitos en las Iglesias.

Sin preguntar, Paco me imitó y se despidió también con un gesto "a lo Buda". Su madre, que como siempre se sentaba, muda, viendo la televisión, ni siquiera me volteó a ver. Nos vemos al ratito Letty, le dije sabiendo que no habría respuesta.

Meses después de su muerte, leí por casualidad en una de esas inútiles revistas que descansan en la sala de espera de los dentistas, que Kung-Fu, puede traducirse como "esfuerzo humano". Muy apropiado para Paco-San, pensé con muchísima tristeza. Vaya esfuerzo y vaya humano.

2

Aquél día que la Hermana Laura me había dicho que el dolor de Paco estaba tan rojo como las rosas de abajo, me acerqué a la habitación 112 con mucha cautela. La madre de Paco, Letty, no parecía sentirse cómoda con alguien en la habitación, además de ella y su hijo. Luego, supe, que todos en el hospital tenían la impresión de que no los quería cerca del pequeño.

Normalmente, mi trabajo se extiende desde el paciente, hacia su familia cercana, su médico y sus enfermeras. Es imposible para mí hacerlo de otra manera, sin embargo, en ocasiones, los adultos que rodean al niño enfermo prefieren no aceptar el acompañamiento, aún accediendo a que sigamos adelante con el proceso de "apoyo" para su hijo.

En estos casos, el adulto responsable del pequeño no participa activamente, pero busca generar una actitud positiva hacia el proceso. Letty no lo hacía así. La mujer estaba cansada, enojada y asustada. No es una buena combinación de sentimientos, sobre todo, cuando no se está dispuesto a levantar la mano para pedir ayuda. Pero ¿quién puede juzgar a una mamá cuyo único hijo está por irse en medio de un dolor físico imposible de justificar?

Leticia era una mujer grande de tamaño que parecía al menos diez años mayor de lo que era en realidad. Sus ojeras larguísimas parecían no desaparecer o atenuarse nunca, tenía la piel muy blanca, llena de pecas y se movía pesada a lo largo de aquellos pasillos interminables. Siempre parecía tener en la mano una lata de Coca Cola Light, y era la única de entre el grupo de padres de aquellos niños que fumaba. Poco y siempre de noche en la banqueta de enfrente del estacionamiento, cuidadosa de no ser vista por los padres de otros niños con cáncer.

Conmigo, hablaba poco o nada. No saludaba. No se despedía. Incluso con su hijo hablaba poco, y sin embargo, el vínculo entre la madre y el hijo trascendía los límites evidentes del lenguaje hablado. Letty acompañaba en silencio y Paco comprendía cada gesto, cada suspiro y cada movimiento. Su diálogo sin palabras era en ocasiones hasta emocionante. Una mirada con media sonrisa bastaban para el pequeño, en verdad no parecía ser necesario nada más.

Al acercarme a la puerta decidí no tocar pues pude escuchar con claridad al pequeño Paco-San, que gemía, ya cansado por tanto dolor. Abrí la puerta con cuidado. Letty me miró y por primera vez sentí que mi presencia era útil para la enorme mujer. Sin dejar de mirarme a los ojos, se levantó de la silla metálica que había colocado junto a la cama del niño para invitarme a relevarla, aunque fuera un rato. Estaba agotada. Se notaba.

Al sentir que la madre le soltaba la mano y se movía hacia el pequeño sillón, Paco, que ya estaba medio adormilado por la droga, se inquietó y empezó a llorar. Terminé de entrar. Me senté en la silla metálica. Hice ojos de chino y sin más le dije: "Chino, chino, japonés, come caca y no me des".

Funcionaba siempre. Paco hizo una vez más esa cara tan característica y divertida que yo ya había visto antes. El orgullo, el dolor y el coraje le impedían reírse abiertamente, pero mi cara de idiota y la frase que incluía el maravilloso binomio 'come caca' le causaban una gracia infinita.

–Uy mi Paco-San, morfina ¿verdad?, le dije para hacerle saber que entendía que el dolor era tremendo.

–Sí, pero me la acaban de dar y todavía me duele mucho, dijo entre sollozos y sonrisas, todavía afectado por la frase que le gustaba tanto. Hizo una pausa. Los hombres sí lloran ¿verdad Chango-San?, me preguntó aventándome al ruedo. Me lo dijo Clara el otro día, añadió.

–Claro que lloramos, le dije. O a poco tú crees que esta narizota que tengo siempre ha sido así de enorme. No mi Paco-San, la he ido regando año con año con algunas lágrimas que me caen ahí encima y como planta, crece y crece. ¿Quién sabe hasta donde podrá llegar?, yo hasta creo que en unos años me vas a poder decir Pinocho-San.

Sonrisa. La morfina estaba haciendo efecto. Silencio. A dormir.

Era mi oportunidad. Con los ojos, Letty me había pedido ayuda. No podía desperdiciar este momento para hablar con la mamá de Paco. Iba a ser el héroe del hospital. Por fin alguien habría podido descifrar a la mujer del 112.

–Y ¿cómo has estado tú Letty?, le pregunté mientras giraba la silla.

–Bien. Pero me gustaría aprovechar que Paco estará dormido un rato para descansar yo también. O lo que es lo mismo: gracias, adiós.

Salí.

Carmen, la enfermera de guardia, había escuchado eso último desde el pasillo pues la puerta había quedado entre abierta. Me miró burlona pero cariñosa. ¿No que muy fregón mi Carlitos? Me reí con ella.

–Está cañón, le dije, refiriéndome a la dificultad de dialogar con aquella mujer que se estaba ya convirtiendo en una leyenda.

3

El siguiente sábado, el dolor era más bien verdoso. Codeína. Podría dialogar un rato con el pequeño con cara de anciano.

Entré haciendo mi saludo budista. Me respondió de la misma manera, enredándose con la línea a través de la cuál recibía suero, o medicina o alguna sustancia que tenía la intención de ayudar, de algún modo, a mi japonés amigo.

–¿Cómo vas mi Paco-San?

Suspiro profundo.

–¿Te duele verdad güey?

Risa cómplice y ojos hacia la madre, quien sonrió aceptante.

–Güey tú, dijo gracioso. Y sí, sí me duele mucho la espalda, me dijo aprovechando la pregunta.

–Le voy a decir a Monkiki que venga a darte un masaje, reí divertido.

Monkiki, era el apodo –más burlón que cariñoso– que le habíamos puesto al dentista que venía en ocasiones a atender a los pequeños. Era un médico francamente petulante y frío que no parecía darse cuenta que el dolor del cáncer o de la espantosa hipertensión pulmonar, ya era suficiente como para no ser un poco mas cuidadoso al revisar los dientes de los niños. Parecía un simio enorme, entre orangután y chimpancé, por eso el apodo. A decir verdad, no nos caía muy bien.

–Ni loco, dijo Paco-San, prefiero que me duela un poco.

–Pues yo te traigo algo que vamos a probar ahora, si tu mamá nos da permiso, para ver si te ayuda un poco con el dolor verde, dije mientras le mostraba a Letty un estuche negro con un PSP (Play Station Portátil), una maquinita de videojuegos sensacional que entretiene igual a un niño que a un adulto.

Letty accedió.

—A ver, me dijo desesperado Paco-San, ¿qué es eso?

Saqué de su estuche orgulloso aquella maravilla electrónica y la prendí.

—¡A ver chango!

—Chtt, chtt, chtt, aguante usted mi hermano que la cosa se está prendiendo.

La pantalla se iluminó y generó un ruido extraordinario que obligó al pequeño chino a abrir los ojos como platos de sopa.

—¡Guau!, dijo, exagerando.

—Qué te parece, chino, chino, cochino, le dije mientras le entregaba la maquinita

—¿Me lo regalas?, preguntó emocionado.

—Te lo presto.

—Ya, Chango-San, regálamelo.

—Ni lo sabes usar compadre, primero aprende y luego vemos.

El juego que estaba colocado dentro de la máquina se llamaba "Wipe-Out". Es una sensacional carrera de naves espaciales que recorren los circuitos más surrealistas. Aunque es fácil de manejar y muy entretenido, requiere de mucha concentración. Eso es precisamente lo que yo buscaba con mi pequeño experimento, que Paco se pudiera enfocar en algo distinto al dolor.

—Primero observa al Maestro, le dije burlándome de él.

—A que te gano, dijo

—Ya veremos

Los videojuegos son sencillamente enajenantes. Uno puede pasar literalmente horas (hasta que se acaba la pila) jugando contra la maquinita, celebrando cada triunfo y maldiciendo cada derrota. Paco, no tenía tiempo para enajenarse, debía estar consciente, pero su dolor físico era mucho y demasiado recurrente. El PSP serviría únicamente para distraer el dolor. Veríamos cómo funcionaba. Una hora y media después el niño, mostraba su cansancio.

–Gracias Chango-San, me dijo el generoso niño mientras me extendía los brazos para darme un abrazo sincero.

–De nada, chino. Se lo voy a dejar a tu má, pero acuérdate de la regla que pusimos. Máximo dos horas al día ¿ok?

–Sale, me dijo mintiendo.

–Y acuérdate que lo debes dejar cargando al menos una hora, o hasta que la lucecita esa se ponga verde.

–Verde, ok, verdecito, dijo burlándose de mi obsesividad.

Risas.

Al menos aquél día, la cosa nos había funcionado bastante bien. El dolor, verde o anaranjado se había olvidado por completo por al menos un par de horas. No sabía qué pasaría conforme nos acercáramos al rojo, pero ya antes había presenciado cómo el dolor de un niño tan enfermo se mitigaba o francamente desaparecía en la mente del pequeño con una distracción apropiada. Con los niños, podíamos, a veces, burlar al dolor, pensé. En realidad, eran ellos desde su sabiduría, que nos enseñaban a vivir de mejor manera la inmutable realidad.

–Apriétame el brazo durísimo cuando te venga el dolor más fuerte, ¿ok?, le dije un poco desesperado e impotente uno de esos días rojos rojos.

–No, dijo retorciéndose hacia dentro para colocarse nuevamente en posición fetal

–No seas necio Paco, te va a ayudar. Apriétame duro

–¡No!

–Pero ¿por qué no Paco?, ayúdame a ayudarte.

–Pero si te aprieto te va a doler a ti, me dijo el extraordinario niño.

–No importa compadre, es solo por un rato y nada comparado con lo que te duele a ti.

–Pero si importa por que eres mi amigo. Si ya me duele a mi no le veo el caso a que te duela a ti también. Mejor me lo aguanto, me dijo regresando a la posición en la que el dolor parecía hacerse menos.

Hay momentos en este trabajo en los que no es posible no llorar. Ese era uno de ellos. Letty me miró con ojos profundos y yo no pude más que cerrar los míos y dar las gracias por aquél sensacional enano.

4

El dolor era otra vez rojo a la semana siguiente. Rojo ciruela, pensé. Pobrecito Paco-San. El PSP no servía en medio de este color injusto y ventajoso. Fracaso.

Morfina. Llanto. Inútiles intentos por hablar con el pequeño. Caricias desesperadas de la madre. Llanto. Sollozo. A dormir. Llanto y suspiro profundísimo de la madre. Salí. Bajé al jardín.

La morfina siempre lograba dormir a Paco, lo cuál, no era común. Normalmente los niños se calmaban y se mostraban somnolientos, pero no necesariamente se dormían profundamente como aquél niño. Paco, sin embargo, estaba ya muy cansado. Su cuerpo aprovechaba cada oportunidad para dormir.

Cuando despertó, la Hermana Laura me fue a avisar al jardín, aquél de las rosas rojas que yo nunca había visto, me sorprendió jugando "Wipe-Out" moviendo los brazos como un loco, como si de verdad estuviera dentro de aquél extraordinario circuito de carreras espaciales. Vente, me dijo, se despertó el chino. Agradecí el que llamara a mi amigo Paco-San, con su apodo de guerra. "El chino".

Entré al 112 pidiendo un silencioso permiso a Letty. Accedió. Aprovechó para salir a comprar una Coca Cola Light en una de aquellas máquinas devora energía que la Hermana Laura tanto odiaba.

Paco-San me vio con una tristeza gigantesca. No era momento ni de bromas, ni de maquinitas de videojuegos. Era tiempo para hablar con el pequeño con cara de longevo oriental.

–¿Cómo es tu dolor?, pregunté rompiendo de tajo el silencio

–Tiene los ojos negros y grandes, me respondió con voz baja.

Mi sorpresa fue mayúscula. Mi pregunta, de adulto, no esperaba una respuesta de niño. Error común. Los niños son capaces de facilitarnos el camino casi siempre. Lo agradecí.

–Y si lo dibujamos Paco-San.

–Órale, dijo con algo más de entusiasmo, escondiéndole un poco el dolor a su amigo.

Tomé las crayolas que descansaban sobre la mesita con ruedas que servía para acercarle la charola de comida a Paco y usé la última hoja del cuaderno en el que dibujaba a ratos aquél niño adolorido.

Durante unos minutos, seguí instrucciones precisas. Los ojos negros y gigantescos, la nariz roja en forma de pera, el pelo de estropajo, las cejas como azotadores. Sin orejas. Sin cuerpo. Sin brazos.

–Ese es, dijo triunfante y sonriendo.

Yo no sabía bien a bien qué hacer con eso.

–Y ¿qué te gustaría decirle a tu dolor?

–Que se vaya de vacaciones a Acapulco y que me deje en paz al menos un día.

Otra respuesta que jamás esperé. Los reclamos al dolor continuaron por unos minutos. El mensaje era claro. Vete, aunque sé que tu ausencia será temporal. Niño sabio. Consciente. Valiente. Maestro.

Durante toda la semana miré intrigado aquel dibujo que había logrado hacer siguiendo las instrucciones de Paco-San. Tenía que darle tres dimensiones, uno no podía hablar con un dibujo plano.

La enorme empresa paraestatal en la que trabajaba y sus múltiples recursos me ayudarían a conseguir la solución. Sin estar seguro de lo que hacía, llamé a la secretaria encargada de atender algunos asuntos del área de Comunicación Social. Le conté brevemente la historia de Paco sin exagerar, no había que hacerlo. De inmediato, me dijo que le diera unos cinco minutos. Haría una llamada.

Exactamente cinco minutos después, la bendita y terriblemente eficiente secretaria me llamó y me dijo que Luis, un diseñador gráfico que hacía "algunos trabajos para Pemex" me llamaría por la tarde. Era la solución a mi problema. El dolor de Paco podría tener volumen.

Luis resultó ser un verdadero artista. Conmovido por la historia del pequeño Paco me visitó dos días después en mi oficina. Le mostré el dibujo. Me hizo preguntas que yo no podía responder. ¿Para qué lo va a usar?, ¿quieres que sea suave o duro?, ¿lo lleno de estopa o de algodón?, ¿crees que sea prudente coserle los ojos o mejor se los pego?, ¿puedo usar spaghetti para el pelo, o mejor estropajo? Nunca pensé que hacer un muñeco de trapo podía ser tan complicado.

Para mi sorpresa, al día siguiente, aquél monstruo sin pies ni brazos estaba ya listo. Luis había sobrepasado todas mis expectativas. El muñeco era mucho más grande de lo que yo había imaginado y tenía una práctica abertura en la parte de atrás para sostenerlo, como un títere, capaz de abrir la boca y conversar con el niño. Esa, creía, era la intención de aquél personaje.

Pepe Gómez del Campo[4], maestro y amigo, me había enseñado algunos años antes, mientras yo estudiaba en la Universidad Iberoamericana, que era siempre útil aprender a "hablar con nuestro dolor", ya fuera este físico o psicológico. Tenía que probar aquella técnica que ya había dado extraordinarios resultados con el grupo de niños quemados del Hospital de Tacubaya, que atendía Pepe con sus alumnos de Psicología de la Ibero.

Llegué al hospital más temprano que de costumbre el siguiente sábado. El "dolor de Paco-San", me había hecho compañía sentado en el asiento de junto a lo largo de la cortísima carretera que une a la Ciudad de México con Cuernavaca. El muñeco era horriblemente genial y ahora el dibujo, me parecía uno de esos retratos hablados que uno ve de repente en los amarillentos noticieros mexicanos.

No quería que nadie lo viera antes que el bueno de Paco. Lo metí en una pequeña maleta azul con amarillo que traía en mi cajuela. Entré por la puerta principal del hospital cargando aquél regalo extraordinario que había confeccionado Luis.

---

4. José Gómez del Campo es Doctor en Psicología, autor de numerosos libros y artículos de psicoterapia humanista. Académico y docente en la Universidad Iberoamericana de la Cd. de México. Fue Director del Departamento de Psicología en el Instituto Tecnológico de Occidente. Junto con Juan Lafarga, S.J. es fundador del Movimiento de Desarrollo Humano en México.

Me acerqué a la habitación 112, dejé por un momento la maleta sobre el piso en el pasillo y entré a buscar a Letty. Le pedí que saliera un momento y le expliqué lo que intentaría hacer. Necesitaba de su ayuda. Le mostré el muñeco. Accedió. Me alegró enormemente que la idea le pareciera buena. Estábamos haciendo algunos avances.

Por primera vez, vi a aquella mujer enorme sin el prejuicio que había venido construyendo los últimos meses. No podía ni imaginar el dolor que ella estaba viviendo. Me prometí a mi mismo no volverla a juzgar. Si de verdad quería ayudar a Paco, mas me valía entender que no podría avanzar ni un metro, sin ella.

Letty entró a la habitación, tomó a Paco de la mano y se sentó en la silla metálica que ya casi era parte de la cama. Tienes una visita, le dijo.

Como pude, me metí al cuarto gateando. Me coloqué el muñeco en la mano derecha y dije "Hola" tratando de esconder mi propia voz. Poco a poco levanté el muñeco por encima de los pies de la cama.

Silencio.

¿Qué hago?

–Hola, dije otra vez.

–Hola, respondió tímidamente el niño.

–Yo soy el dolor en la panza de Paco, dije.

¡Silencio. Auxilio!, ¿qué demonios estoy haciendo?

–¿Así es tu dolor mi amor? dijo para mi sorpresa Letty.

–Sí.

–Y ¿qué le quieres decir?

Letty me había salvado.

–¿Por qué me haces daño?, empezó preguntando Paco.

Yo no estaba preparado para esa pregunta. No estaba preparado para ninguna otra y sin embargo, no había camino de regreso, al menos en ese momento.

–Por que es mi naturaleza, dije con cautela. Yo vivo dentro de un tumor y el tumor me ordena empujar o jalar y pues yo empujo o jalo, añadí.

–¿Y qué tengo que hacer para que te vayas?, me porto bien, casi siempre.

Pausa. No pude evitar el sollozo. Letty tampoco. Abrazó a su hijo lo que me dio tiempo para pensar.

–Pero si el que yo jale o empuje, no tiene que ver con cómo te portes. O ¿a poco tú crees que yo empujo más duro cuando tú te portas mal?

–Eso me dijo Paty, confesó, que cuando no me estoy quieto me duele más.

Pausa. ¿Quién demonios será Paty? ¿cómo pudo decirle eso a un niño de siete años?

–¿A dónde te vas cuando no estás conmigo? preguntó, sacándome a mí y estoy seguro a Letty, del coraje de pensar en la tal Paty.

–No me voy. Me quedo, pero me duermo.

–¿A ti también te duerme la morfina?

–Uy, sí. A veces hasta la otra, ¿cómo se llama?

–Codeína burro, dijo Paco orgulloso.

–Esa.

–¿Y molestas a otros niños o sólo a mí?

—Yo vivo en tu tumor, así que supongo que sólo te empujo a ti, dije con cautela

—¿Por qué no tienes lengua y sí puedes hablar?, me preguntó salvándome de aquella entrevista que cada vez me ponía más nervioso, y luego siguió, ¿te gustan las gelatinas?, a mí me gusta la roja mas que la amarilla

Mis respuestas resultaron tan triviales como sus preguntas, hasta que vino una nueva pregunta que me dejó helado.

—¿Tú también tienes cáncer?, ¿te vas a ir cuando yo me vaya?

—No tengo cáncer. Acuérdate que yo vivo dentro del cáncer, pero sí, cuando tú te vayas, yo desapareceré, dije tratando de ver la cara de Letty en el reflejo del basurero metálico que estaba junto a la cama.

Era demasiado para mí. La experiencia había sido todo un éxito, pero ¿y de qué había servido realmente? Tenía más preguntas que respuestas. No podría hacer esto solo. Necesitaría ayuda.

5

Flor se había formado en el más estricto Psicoanálisis. Había hecho una especialidad en Psicodinámica, lo cuál me facilitaba el poder compartir con ella algunos conceptos, y sin embargo, nuestros mundos y la visión que teníamos del desarrollo humano parecían muy distantes. Era una mujer brillante. Extraordinaria con los niños. Sus encuadres y algunas de sus técnicas me parecían salidos de un libro de Lakan, incomprensibles, pero los resultados parecían ser muy buenos. Ella, por supuesto, no confiaba en mí. Me veía como un voluntario, un terapeuta patito. Un misionero, me había dicho alguna vez. No sé cuál fue su intención cuando me lo dijo pero yo me sentí de lo más bien. No me podría entender jamás. Yo tampoco. Qué importaba.

Era una mujer de unos cuarenta y cinco años. Guapa. Tenía una paciencia interminable y conocía perfectamente el lenguaje de los niños.

Invité también a esta aventura a la Hermana Clara. Cobardía pura de mi parte, lo acepto, no podía sólo consultar a Flor, necesitaba una aliada incondicional. Sabía que a ella le encantaría el muñeco y la intención. Necesitaba toda la luz posible para iluminar ese camino entusiasmante pero oscuro que estaba emprendiendo con aquél horrendo muñeco de trapo.

La primera reunión que tuvimos me llenó de entusiasmo. Flor Freud, como yo le decía, me describió una especie de ruta crítica exacta y detallada digna de un ingeniero civil. Clara por su parte, aportó, como siempre, el toque de espiritualidad y de dignidad que yo necesitaba escuchar. Al final, me resultaba obvio que debíamos intentar los siguientes pasos juntos. Así fue. En todo el tiempo que visité aquél hospital, no recuerdo haber tenido otro momento en el que me sintiera más útil que mientras representaba, con la mano derecha y la voz de alguien más, al "dolor en la panza de Paco".

Aquél fantástico muñeco que nunca tendría nombre propio, se convirtió en almohada, sparring, amigo y compañero de aquél niño pelón. Tan sólo dos semanas después había perdido medio ojo derecho, y un buen pedazo de nariz, se estaba quedando pelón –igual que su dueño– y se le salía el algodón que llevaba dentro.

–Lo aprieta con coraje cuando el dolor es más intenso, me dijo un día la Hermana Clara mientras tomábamos un café acompañando a Letty. Pero luego, lo perdona. Duerme con él, platican. Le enseñó a usar la maquinita esa.

–Parece que fue una buena idea. Gracias Chango-San, dijo de repente Leticia.

−Gracias a ti, por tu hijo, le dije con sinceridad.

En sólo dos semanas mas Paco-San, mi amigo chino moriría. A partir de ese día en el que su madre, su monja favorita y su amigo el Chango se tomaban un café, su dolor no dejaría ya el rojo.

El siguiente sábado me descubrí, como siempre me pasaba, sorprendido por lo mucho que el cáncer puede hacer en unos cuantos días. Paco-San estaba muy mal, débil y fatigado todo el tiempo. Le dolía mucho, por todos lados y nada parecía funcionar ya. Sólo la morfina. Se la pasaba dormido o drogado. No era esa una buena forma de morir.

El "dolor en la panza de Paco" estaba para entonces ya muy deteriorado y su impacto inicial había disminuido. Seguía siendo fiel compañero del pequeño y un útil sparring, pero ni el PSP, ni aquél muñeco, ni siquiera la total atención de la madre serían suficientes para mitigar aquél dolor injusto y apabullante.

−¿Por qué me duele tanto?, se quejaría conmigo el sábado antes de morir.

−Por que el tumor va creciendo mi Paco, y te hace daño.

Respuesta de adulto, a pregunta de niño. Error. Necesario explicarlo pero error. No era eso lo que esperaba escuchar aquél niño roto.

−Por que el dolor te recuerda que sigues vivo, corregí, lanzándole aquella frase que Pepe Gómez del Campo le repetía a sus pacientes quemados de aquél tétrico hospital de Tacubaya.

Aquella respuesta había dado en el clavo. A Letty también pareció interesarle aquello.

−¿Sí?, me preguntó Paco.

−Sí le dije con la cabeza y las cejas. El dolor te recuerda que todavía sigues aquí, y que puedes darnos a todos los que te queremos, mucho cariño.

No fue necesario decir más. Aquél pequeño de siete años se quedó en silencio, reflexivo. La profundidad de su mirada me dejó paralizado. Él había entendido algo más, mucho más, de lo que yo le había querido explicar.

–O sea que cuando me duele más es por que tengo que dar mas cariño, dijo el revolucionario Paco con toda la serenidad posible y ya sin el dolor clavado entre las cejas.

–No, bueno, dije con la torpeza que surge de la culpa. No vayas a creer que la cosa es así. El dolor sólo te recuerda que mientras estés aquí, con nosotros, todavía puedes darle mucho cariño a tu má, a Clara, a todos.

–Pero mira, Chango, si cuando me duele más, te quiero más, entonces el abrazo que me des me va a servir para que me duela menos, ¿no?

Letty se levantó de su silla. Yo no supe ni qué hacer. ¿Quién era ese niño santo?, ¿quién nos lo había prestado?, ¿cómo era posible no quererlo?, ¿para qué se iba a morir?

–A ver, yo quiero probar eso, le dijo Letty abrazándolo y llorando tan fuerte como es posible. ¿Funcionó mi amor?, le dijo la madre al pequeño después de un abrazo enorme.

–Funcionó, dijo orgulloso el enano oriental y pelón.

–Funcionó me dijo Letty, guiñándome un ojo.

–Te lo dije chino, chino cochino. Te lo dije, repetí cerrándole el ojo al chamaco y secándome las lágrimas que una vez más, regaban mi enorme nariz.

–Chino, chino chillón, me dijo graciosísimo.

Mas lágrimas. No pude evitarlo.

Me despedí. "Nada te turbe, nada te espante, todo se pasa, Dios no se muda…".

Faltaban solo siete días para la muerte de aquél niño, sabio, santo y revolucionario.

6

En un hospital lleno de niños enfermos, es casi imposible que no se te contagie algo. El martes siguiente yo tenía una gripe, que parecían dos. No podía dejar de estornudar y apenas podía utilizar palabras con eme o ene. Fiel a mi costumbre, busqué que la gripe desapareciera sola, ayudado únicamente por sendos vasos con agua.

El jueves al despertarme, me empecé a preocupar. La gripe seguía ahí. No me dejarían ver a Paco al día siguiente con tal gripón. Decidí ir a ver al médico de mi trabajo que ante mi insistencia me terminó recetando una de esas medicinas que te hacen sentir mareado todo el día pero que son efectivas en verdad. Sábado, 7 de la mañana. La gripe era ya casi imperceptible. Bien, pensé.

Nunca he tenido acceso a las intuiciones que parecen tan normales en la Hermana Clara. Recuerdo con claridad que ese día, mientras avanzaba por la carretera con rumbo al hospital, pensé con gran optimismo que mi amigo el chino, podría superar esa crisis. Todavía había mucho trabajo que hacer con "el dolor en la panza de Paco". Ya estaba pensando en llamar nuevamente a Luis, para reparar al muñeco y empezar, por qué no, a confeccionar nuevos "dolores" para otros niños y niñas. Parecía ser algo útil. En ningún momento pensé que Paco no vería ya la luna de esa noche.

La puerta del 112 estaba cerrada como casi siempre. Acerqué el oído. Nada. Ni un ruido. Toqué. Esperé unos segundos. Nada. Abrí.

El cuarto estaba en total oscuridad. Letty tenía la cabeza apoyada sobre el colchón, lloraba. Pensé lo peor. Entré y dejé a propósito la puerta abierta para aprovechar la luz del pasillo y ver la cara de Paco. Parecía dormido. No pude más.

–¿Está todo bien Letty?, pregunté francamente asustado. Sollozo. ¿Puedo ayudarte?, insistí acercándome para ver a Paco con mayor claridad

Respiraba.

–Estoy muy triste, dijo la afligida madre. Acerqué una silla y me senté del otro lado de la cama.

–No es pa menos, le dije con cariño. ¿Quieres que te traiga una coca o algo?

–No, gracias, estoy bien.

Clara entró lentamente. Al verla caminar hacia el cuarto quise evitar la sensación que me recorrió el cuerpo en un segundo. Cerré los ojos. Paco iba a morir. Clara lo sabía. Me levanté para dejarle la silla. La aceptó con gusto. Me miró. Confirmó mi sospecha. Se acercó lentamente al pequeño chinito y le acarició la cara con una toalla húmeda.

–¿Cómo estás, chiquito?, preguntó la bondadosa religiosa

–Bien hermana, dijo con mucha dificultad Paco

Me sorprendió. Pensé que estaba totalmente dormido. No era así.

–Hola chino, chino, cochino, le dije.

–Hola Chango-San, me dijo casi en silencio.

Le di la mano. No pudo completar el saludo. No tenía fuerza. Su mano cayó pesada sobre el colchón.

Nunca en mi vida había sentido tanta impotencia. El gesto había sido casi mínimo, pero yo hubiera querido de verdad que aquél niño extraordinario me hubiera podido sostener el saludo. No era justo. Me sentía sofocado, tenía ganas de gritar. No te mueras chino, pensé con rabia y angustia.

Pasaron dos horas. La mayor parte del tiempo estuvimos todos casi en absoluto silencio. Ese que sirve, que acompaña, que abraza. Silencio que comunica más que cualquier conversación y casi tanto como la mejor oración.

Algo le dijo el pequeño a Clara. La monja le respondió con un abrazo cariñoso, un par de lágrimas verdaderas y un gran beso bien plantado en la frente. Se alejó para hacerme espacio a mi.

–Quiere decirte algo, me dijo la hermana.

No me quería acercar. Mirada al techo. No quiero que se muera mi amigo Paco. Quisiera salir corriendo de ahí, huir. ¿Qué hago yo aquí?, no es justo. Enojo. Miedo. Tristeza profunda. Parálisis.

Me acerqué. Un metro parecía un kilómetro. Todo ocurría en cámara lenta.

–No me duele, Charlie. Dijo mi nombre por primera vez en meses.

–Qué bueno mijo.

–Gracias al muñeco, me dijo, dándome un gigantesco regalo.

Todo me daba vueltas. Me costaba trabajo respirar. Las lágrimas salían como cataratas. Abracé a mi pequeño amigo, frágil. No supe decir nada y sin embargo, quería gritarle que el dolor había desaparecido por que el lo había vencido, con su sabiduría, con su conciencia de presente, dándole un sentido de amor y compasión dirigidos hacia su madre, hacia Clara y hacia mí. El pequeño chino había triunfado sobre el dolor más cruel y mas rojo por que había sabido vivir pleno, poco, pero pleno. Y yo no supe decírselo, sólo pude darle un abrazo fuerte y llorar.

−Te quiero mucho. Adiós, me dijo sin más, y se soltó de mi abrazo haciéndome entender que era el turno de su madre. Me hice a un lado sin poder dejar de llorar.

Letty, la reina del silencio, entendía perfectamente todo aquello. No lloró. No habló más. Tomó a su hijo entero y lo acostó sobre su regazo. Lo abrazó y lo dejó ir. Pasaron unos diez minutos. Mi amigo el chino había muerto sin dolor, tranquilo sobre el vientre de su madre.

Era sábado.

3

Javi
La trascendencia

1

No pude estar en el momento en que murió mi papá. Mis hermanas y mi mamá dicen que fue un momento de lo mas tranquilo y bonito. Aquél hombre generoso partía en silencio, sin deberle nada a nadie, habiendo entregado literalmente su vida por sus hijos y su mujer.

Me hubiera gustado estar ahí, y sin embargo, mis *moribundos* me han enseñado que puedo, hoy, estar ahí, si quiero. Es difícil de explicar, pero es así. La muerte no termina la posibilidad de interpelar al otro. El tiempo no significa nada. A la muerte, el tiempo le da risa.

Javier tenía sólo cinco años. Su madre había muerto durante el parto, y su padre, Javier Sr. no se despegaba ni un minuto de la cama de su hijo enfermo.

–Me tomé un sabático, me explicó el día que lo conocí. Mi mujer murió el día que me entregaron al bultito este, dijo refiriéndose con cariño a su hijo que yacía dormido sobre el sillón del cuarto. Tres años después, cuando yo ya me estaba habituando a ser padre viudo, apareció esta maldición, dijo refiriéndose a la leucemia.

Javier papá, como le decíamos nosotros, era un hombre joven, de unos treinta años. Serio y con algunas canas; parecía mayor. Contador de profesión, tenía su propio despacho en la ciudad de Cuautla desde donde trabajaba para algunas empresas de Cuernavaca y la Ciudad de México. Su situación económica era buena, aunque siempre parecía estar vestido igual. Camisa polo y pantalones caqui, top siders ochenteros con las agujetas amarradas como lo hacíamos en esos años. Panista, era evidente. Educado en un colegio perteneciente a una de las órdenes religiosas más conservadoras de la Ciudad de México. Jugaba golf, mal, según él mismo confesaba.

Parecía siempre sereno. Lloraba poco (eso seguramente era culpa de los curas que lo habían educado, pensaba yo siempre). No le era fácil hablar con su hijo. Los contadores optan por utilizar demasiado el hemisferio izquierdo del cerebro. No hay modo de hablar con un niño moribundo de cinco años desde ahí. Mi trabajo era claro, difícil pero claro. Javi lo haría todo fácil. Eso lo sabría después.

Bárbara era la novia de Javier papá. Tendría unos veintiséis años y unas uñas interminables. Fumaba casi dos cajetillas diarias, por lo que los sábados yo en realidad la veía poco, pues se la pasaba en la banqueta prendiendo un cigarro tras otro mientras leía alguna revista. Su adicción al tabaco era tal, que había comprado una pequeña silla plegable que llevaba al hospital para poder sentarse en la banqueta de enfrente a fumar.

No le gustaba estar con Javi, se sentía incómoda y no sabía qué decir o hacer. No debe ser nada fácil enfrentar al hijo moribundo de tu pareja, pensaba yo al verla prender el siguiente cigarro con la colilla del anterior. A Javier papá, no parecía preocuparle demasiado la distancia que existía entre Bárbara y el pequeño Javi. Eran dos mundos distintos. Su hijo por un lado y su nueva mujer por el otro. Siempre me dio la impresión que Javier papá, prefería que aquellos mundos no se encontraran. Lo puedo entender.

La primera vez que vi a Javi despierto no me llamó la atención de manera particular. Era un niño pequeño, el de menor edad con el que he trabajado. Era bastante bonito. Parecía un pequeño chimpancé. Hablaba todo el tiempo, solo o acompañado.

Antes de que me asignaran su expediente, yo ya había notado que aquél niño tenía conversaciones interminables a pesar de que la luz estuviera apagada y que su padre estuviera profundamente dormido en la cama de junto. La enfermera que lo atendía, Silvana, se quedaba a veces junto a la puerta riendo divertida al escuchar aquellas conversaciones larguísimas de su paciente. Al pasar junto a ella por el pasillo, nos hacía señas para convidarnos un poco de aquella alegría.

En poco tiempo, Javi había logrado con Silvana lo que parecía hasta entonces impensable. La jefa de enfermeras mostraba por primera vez una cierta predilección por un paciente. Ella, que aprovechaba cualquier oportunidad para regañar a su equipo de enfermeras cuando estas "adoptaban" a algún paciente especial, había sucumbido frente al encanto casi mágico que este niño tenía. Yo no sabía qué era, pero en tan sólo unos días lo descubriría.

2

Lo conocí el primer sábado de diciembre casi a las seis de la tarde. Yo estaba muy cansado y ya quería irme a mi casa pero Clara había insistido que tomara aquél *fólder* en el que se explicaba con detalle la evolución increíblemente rápida de la leucemia de ese niño tan pequeño. Me dirigí a la capilla y de ahí, al cuarto 102. Me detuve junto a la puerta en la misma posición que me había enseñado Silvana sin querer. Alguien hablaba dentro del cuarto. Era Javi.

–No me voy a comer la sopa. Ni modo.

Silencio.

–¡Que no! No me gusta.

Silencio.

–Pollo sí. Sopa no.

Silencio.

Me abrí paso frente a la puerta. Javi giró para verme y sonrió con sencillez. Le levanté las cejas una y otra vez.

-Hola, dije. ¿Tu eres Javier?

–Javi, corrigió, con voz ronca.

–Ah, perdón. Hola Javi. Yo me llamo Carlo, le dije mientras le extendí el brazo para saludarlo de mano haciéndome el formal.

Me dio la mano divertido.

–¿Y tu papá?, pregunté.

–¿Tu eres su amigo?, me cuestionó sin responder a mi pregunta

–Sí.

Javier papá, se levantó pesado y somnoliento del viejo sillón anaranjado que parecía haber salido de una película de Mauricio Garcés, me saludó y consecuente con mi trabajo, salió al pasillo. Voy a buscar a Bárbara, dijo.

–¿Con quién platicabas hace rato?

Silencio.

—No te hagas, que te oí diciendo que no querías comerte la sopa, ¿o no?

Javi sonrió.

—Feísima la sopa de aquí ¿no?, dije riendo.

—Con Pepe, dijo sin tapujos.

—Y ¿quién es Pepe?, le pregunté.

—Mi *abulito*.

—¿Papá de tu papá o de tu mamá?, le pregunté esperando no confundirlo y haciéndome el poco sorprendido.

—No sé, dijo sin importarle demasiado el parentesco. ¿Tu tienes *abulito*?, me preguntó.

—No, le respondí. Ya se murieron mis abuelos y abuelas.

—Los míos no. Sólo Pepe, me dijo aquél niño de cinco años.

Mi cansancio desapareció como por arte de magia. Aquello sonaba interesante.

—Y, ¿sabes cuándo se murió tu abuelo Pepe?, pregunté.

—No.

—Y ¿te viene a ver seguido?, insistí con muchísima curiosidad.

—¿Cómo?, preguntó el niño interesado.

—Que si viene a verte aquí muchas veces.

Javi frunció las cejas sin entender mi pregunta.

—No se va, me dijo confundido.

—¿O sea que está aquí siempre?

—Claro, dijo seguro.

Pausa. Ahora era yo el que fruncía las cejas.

—¿A poco aquí está ahorita tu abuelito?

–En el sillón *naranjado*, dijo con toda seguridad.

Debo confesar que mi reacción inmediata fue voltear hacia el sillón y caminar hacia el otro lado de la cama. Javi no tenía ninguna duda. A mi me daba un poco de preocupación de pronto ver al "abulito". No vaya a ser que este se me aparezca y ¿qué hago?, pensé estúpidamente.

Javier papá y Bárbara, tuvieron a bien salvarme.

Aproveché para pedirle al padre que me permitiera llevar a cabo mi pequeño ritual de despedida semanal. Aceptó.

"Nada te turbe, nada te espante, todo se pasa, Dios no se muda, la paciencia todo lo alcanza, quien a Dios tiene nada le falta, sólo Dios basta".

Javi parecía divertido con aquello.

–¿Eres cura?, preguntó Bárbara sorprendida.

–No, le dije. Lo de la oración me lo enseñó una amiga.

Ahora sí estaba muy cansado. No tenía ánimo suficiente como para darle una explicación mayor a aquella mujer. Me despedí.

–Nos vemos el próximo sábado, ¿ok?, le dije a Javi como pidiendo su permiso.

–Bueno.

De salida, aproveché para despedirme también del "abulito". Javier papá y Bárbara pensarían que me había vuelto loco. Javi se divirtió viendo como le daba las buenas noches a su abuelo.

Si hoy me lo preguntaran, estoy seguro que Pepe, ese día, me encaminó hasta el estacionamiento del Hospital. Probablemente me dio algún consejo. Espero haberlo escuchado bien.

3

Mi confusión fue creciendo conforme pasaron los siguientes días.

Elisabeth Kübler-Ross, documentó cientos de casos en los que los enfermos terminales reportaban visitas de familiares o amigos que habían muerto ya[5]. No eran sueños, sucedían a plena luz del día y eran tan claros como la visita de una enfermera o un médico. También estudió con rigor, las experiencias cercanas a la muerte[6]; personas que durante algunos minutos habían muerto, pero que luego habían "regresado" entre nosotros.

En especial, a mí siempre me gustó el relato de aquella pequeña niña que había tenido una "Experiencia Cercana a la Muerte" y que al *regresar* le había reclamado a sus padres por no haberle dicho nunca que había tenido un hermano, a quien había visto, y con quien había conversado durante los minutos en los que había estado clínicamente muerta[7].

¿Cómo podría yo distinguir si lo del visitante de Javi, era la simple imaginación de un niño tan pequeño, o una visita real de su abuelo?, ¿podía ser una especie de alucinación provocada por su enfermedad o hasta por la necesidad de defenderse de la dura realidad?, ¿sería tan solo una proyección?, ¿que no era de lo más común, que niños de esa edad tuvieran amigos imaginarios? Mi

---

[5]. Algunos ejemplos pueden encontrarse en: Kübler-Ross, E. (1975, 2004). *Sobre la muerte y los moribundos*. Segunda Edición. Barcelona: Grupo Editorial Random House Mondadori.

[6]. Algunos ejemplos pueden encontrarse en: Kübler-Ross, E. (1989). *La muerte, un amanecer*. Primera Edición. Barcelona: Luciérnaga, S.L. y en: Kübler-Ross, E. (1985). *Una Luz que se Apaga*. Primera Edición. México: Editorial Pax México Carlos Cesarman, S.A.

[7]. Kübler-Ross, E. (1985). *Una Luz que se Apaga*. Primera Edición. México: Editorial Pax México Carlos Cesarman, S.A.

reacción natural fue empezar a buscar información. La biblioteca de la Ibero, Internet, algunos de los libros de la Kübler-Ross, Psych-Net. No sabía por dónde empezar. Decidí ir a la biblioteca de la Universidad.

El edificio principal de la Ibero es tan impresionante como cálido. Pareciera que está construido con un par de brazos que acogen un jardín central, donde se reúnen cientos de jóvenes para conversar un rato entre clases, fumar un cigarro o beber una botellita de agua.

La entrada a la biblioteca, que se llama Francisco Xavier Clavigero en honor al historiador Jesuita que siendo mexicano, se hizo célebre al escribir una "Historia de México" en italiano, se encuentra en el nivel de la Planta Baja del complejo. Al entrar, uno se encuentra con un enorme lobby que culmina en una escalera que conduce a la enorme biblioteca subterránea. Arquitectónicamente es un espacio impresionante, pero lo es más aún, la gigantesca colección de libros que alberga. Me tomaría sólo unos minutos localizar decenas de referencias que podrían ser útiles en mi pequeña investigación.

Al ir descendiendo por aquella escalera que ya huele a libros, fui cambiando de opinión. ¿No sería mejor, vivir la experiencia de Javi sin tanta referencia académica?, ¿qué no era más valiosa la revelación de aquél pequeño niño, que cualquier libro o disertación teológica sobre la muerte y la vida que sigue?, ¿no era acaso la experiencia viva el fundamento del aprendizaje significativo, ese que con tanto ahínco buscaba impulsar en los procesos de acompañamiento a moribundos y sus familias? Por inercia seguí descendiendo, pero al llegar al último escalón, ya había decidido volver a Cuernavaca con aquella confusión, y permitir que la propia experiencia del acompañamiento a aquél niño con cara de chimpancé me fuera permitiendo tejer con hilos de realidad. No habría que buscar una referencia bibliográfica. Era necesario escribir aquella historia de manera más natural. La academia vendría sólo después de poder dar nombre propio a aquella experiencia.

Al regresar a mi casa casi una hora después, me sentí bien. Tenía ya algo que agradecerle a aquél niño. Me permitiría vivir la experiencia sin prejuicios, con más cuerpo que cabeza. Con más confianza en la realidad que en los libros y sus teorías.

Sin embargo, la preparación para este caso seguía siendo especial. Por un lado, yo no tenía realmente ninguna idea de cómo tratar a un niño de cinco años (casi seis). No estaba familiarizado con su lenguaje, con sus símbolos o sus necesidades. Además, el hecho de que su abuelo pudiera estar ahí, visitándolo, me impulsaba a estar abierto a una experiencia espiritual que a diferencia de muchos de mis compañeros tanatólogos, yo no había vivido en realidad (o al menos no había querido enfrentar del todo).

Decidí hacer dos cosas. Por un lado, visitar a mis amigos con hijos de esa edad al menos una vez a la semana, mientras durara el acompañamiento a Javi, sin que por supuesto supieran que estaba tratando de montarme una escuela en su propia sala y que sus hijos serían mis maestros; y por otra parte, me inscribí a un seminario de Meditación que se imparte todas las semanas a un par de cuadras de mi casa.

No estoy muy seguro si éstas cosas me sirvieron para acompañar de mejor manera a Javi, a su padre y a su "madrastra", pero como enseña bien la muerte, me sirvieron para algo más. Me acercaron durante algunas semanas a mis amigos, a los de verdad; aprendí muchas más cosas de sus hijos que aquellas que yo pensaba que me servirían para acompañar a Javi, y aprendí con las clases de meditación, al menos, a respirar un poco mejor.

Javi, sin querer, ya estaba transformando mi vida. Su leucemia cobraba sentido en mi vida. Aquél pequeño y decenas de otros niños moribundos, me enseñan que el sentido de la enfermedad, del dolor y de la muerte, se vive y se explica en la transformación real, cotidiana y pequeña de muchas vidas que se conmueven y se permiten sentir el dolor de la muerte de otro.

Teresa de Calcuta decía que al salvar una vida se salva a la humanidad entera. Con su dolor, con su simplicidad frente a la muerte, con su pena y su alegría de niños, estos pequeños salvan muchas vidas, todos los días.

4

Silvana era una mujer seria, profesional, exacta, obsesionada con el orden. Pudo haber sido una extraordinaria ingeniera industrial. Alta, delgada, de edad incierta y voz profunda, Silvana había logrado escalar el durísimo camino hasta la Jefatura de enfermeras en un Hospital privado de gran renombre de la Ciudad de México, y sólo un par de años después de ese extraordinario logro, había decidido retirarse y vivir en la Ciudad de la eterna primavera.

Soltera por vocación y profesionista por convicción y por necesidad, le bastaron sólo unas semanas para darse cuenta, ya en Cuernavaca que no soportaría la falta de actividad profesional. Se acercó a las religiosas que operaban aquél extraño hospicio-hospital que tenía la "mala fama" de acoger a los enfermos de sida y a los moribundos de otras enfermedades innombrables.

La Hermana Clara la recibió con enorme gusto. Su equipo de enfermeras, algunas bastante improvisadas lograrían con Silvana el orden y la eficiencia que aquella monja Canadiense extrañaba tanto de los centros médicos de su país. Así fue. Se dice que Silvana fue bautizada como "la Generala" a los pocos días de haber tomado posesión de su puesto en el hospitalito de Cuernavaca. Poco a poco, se ganó el respeto de sus subalternas, y de prácticamente todos los demás.

Sus roles de trabajo y la planificación semanal que hacía eran tan exactas como el mejor reloj suizo. Todo era claro para las enfermeras. Nada se atrasaba, nada salía mal, y no era sólo por la eficiente planeación de aquella mujer sin edad, sino por el miedo, terror –diría Clara divertida– que las enfermeras le tenían a Silvana si cometían un error, por menor que este fuera, o se confundían en los horarios o roles de trabajo.

Nunca la vi regañando a una de sus enfermeras en público, aunque sí me tocó más de una vez, ver la cara de profunda culpa en aquellas pobres mujeres al salir de la sala de descanso de las enfermeras seguidas de una Silvana rígida, que evidentemente acababa de poner las cosas, nuevamente, en su lugar. La Generala, conocía bien a su ejército. No aceptaba errores ni deserción. Aquellas mujeres que ganaban poco y trabajaban siempre demasiado, apreciaban en el fondo la rigidez y la exactitud de su jefa. Era necesario. Era útil.

Silvana hasta ese día, sólo se había doblado frente a Javi. Debía de haber algo extraordinario en aquél cuarto, en el que estaban siempre el niño con cara de chimpancé, su incansable padre... y Pepe.

Estaba por descubrir, que aquél grupo no terminaba ahí.

–Hola Javi, te traje un regalo, le dije al niño al tiempo que cerraba la puerta detrás de mi.

–Hola, me dijo sin que pareciera demasiado emocionado por aquella caja envuelta con un ridículo papel en el que el protagonista era el Pato Donald.

–¿Qué es?, me preguntó.

–¿Lo quieres abrir?

–Sí, me respondió observándome y pidiéndome con la mirada que yo lo abriera. Gracias, me dijo sin mayor emoción, aunque educado, al ver con detenimiento aquél camioncito de volteo que a mí, me había parecido sensacional en la juguetería.

–¿Quieres jugar a que construimos algo?, le pregunté decepcionado.

–Luego, me dijo, para acabar de matarme la ilusión.

Javier papá, observaba desde su sillón anaranjado divertido, casi burlón.

–Siempre ha sido así, este niño. Los regalos no parecen emocionarlo nunca. Bueno, de hecho, las cosas, no parecen interesarle demasiado.

–¿Qué cosas?, pregunté sin entender bien lo que me quería decir.

–Todas las cosas, me dijo bruscamente el padre.

Sin acabar de entender bien, me dirigí nuevamente a Javi.

–Y, ¿cómo has estado?

–Bien, gracias.

–Oye, ¿aquí sigue tu abuelo Pepe?, le pregunté en voz muy baja.

–En el sillón con mi papá, me dijo imitando mi susurro.

La seguridad con la que ubicaba espacialmente a su abuelo me sorprendió nuevamente. No pude hacer otra cosa que buscar alguna evidencia, la que fuera, de la presencia de aquél abuelo muerto. No la encontraría jamás. Luego aprendería que no importaba en lo absoluto.

–Salgo un momento, dijo Javier papá, sin esperar respuesta.

–Sale, le dije, aquí me quedo yo un rato.

Al abrir la puerta, Javier Sr. se topó de frente con Silvana que estaba entrando a la habitación. No dijo nada. Me saludó fríamente con la mirada. No era falta de educación, era la Generala, cumpliendo con su deber y revisando a uno de sus pacientes.

Sin pensarlo demasiado, me senté en la esquina de la cama de Javi.

–¡Cuidado!, dijo casi gritando el pequeño.

–¿Qué pasa?, pregunté sorprendido.

–¿Qué no ves que está sentado ahí "el Ángel"?

Silvana sonrió divertida.

–¿Quién?, pregunté quitándome de inmediato de la cama.

–Su Ángel, supongo que su Ángel de la Guardia, interrumpió Silvana con una enorme sonrisa de complicidad, al tiempo que acomodaba sobre la mesita de noche una nueva caja de *Kleenex*.

Primero Pepe, el *abulito*... ahora un Ángel. Aquello empezaba a parecerse mucho a un manicomio.

–¿Aquí está el Ángel?, pregunté señalando el extremo de la cama.

–Ya no, me dijo. Ya se movió al otro lado.

"El otro lado" era justo donde yo estaba. ¿Qué tenía que hacer?, ¿me movía?, ¿saludaba "al Ángel? Auxilio.

Sin importarle un cuerno mi gigantesco dilema, Silvana se despidió de ambos y salió del cuarto. Yo quería decirle que no se fuera y que me ayudara en esa extraña situación, pero luego, recordé aquella decisión tomada en la empinada escalera que conduce a la biblioteca de la Ibero.

–Oye, pues a mi me gustaría conocer al Ángel, le dije. ¿Cómo le hago?

–Pues salúdalo, como saludaste a mi abulito, me respondió con total naturalidad.

–Y, ¿cómo se llama el Ángel?, pregunté interesado.

–Pues Carlo, me dijo.

–Ah, no te creo nada, a poco se llama igualito que yo, le dije con cara de incredulidad.

–Pues claro, me dijo.

Decidí seguir aquél juego.

–Pues, muy buenos días, "Ángel tocayo" dije volteando hacia mi derecha y extendiendo una mano como para saludarlo.

–¿Qué?, preguntó el niño.

–Es mi tocayo. Si se llama igual que yo, pues es mi tocayo. Es como tu y tu pá. Son tocayos por que los dos se llaman Javier.

–Ah, dijo el enano sin entenderme y sin interesarle aquello, demasiado.

–Y, ¿de qué platicas con el Ángel?, pregunté en plan más serio.

–Pues de ti, dijo sin más.

Aquella respuesta era lo último que esperaba escuchar. Una sensación extraña pero emocionante me recorrió de cabeza a pies. Qué interesante se pone esto, pensé divertido, al tiempo en que me sentía orgulloso de ser tema de conversación de un Ángel.

–Y, ¿qué dicen de mi?

–Pues que eres nuevo y que me vienes a visitar.

Decepción. Que eres nuevo, ¿que significaba aquello? Yo esperaba oír otra cosa. Algo más sofisticado. El adulto que no sabe escuchar al niño… ni al ángel.

Silvana, regresó para tomar la temperatura de Javi.

–¿Cómo ves, Silvana?, el famoso Ángel se llama igual que yo, dije con orgullo para agradarle a aquél niño.

–No es cierto, dijo aquella mujer espigada. Pero cómo eres Javi, ¿no me habías dicho que el Ángel se llamaba Silvana?, ya me lo cambiaste.

Javi estaba disfrutando enormemente aquello.

–Silvana-Carlo, se llama, dijo entre risas y tapándose la cara con la punta de la funda de su almohada.

–Ah, qué tramposo, le dije al tiempo de apachurrarle ambos cachetes con una mano y obligarlo a salir de su escondite, al que regresaría de inmediato.

El niño reía y se divertía a costa nuestra. ¡Silvana-Carlo! gritaba con autoridad desde algún rincón debajo de las sábanas, Silvana-Carlo, repetía entre carcajadas.

Silvana-Carlo, pensaría toda la carretera de regreso. El Ángel, Madre y Padre. Niño sabio. Profundo. Cinco años… casi seis.

5

Javi estaba a punto de morir. Faltaban únicamente quince días.

El camioncito quedaría arrumbado debajo de la mesita de noche del cuarto 102. Nunca lo vi jugar con él. No le interesaba. Su mundo era demasiado rico y demasiado interesante, como para prestarle atención a un camión de plástico con un chofer de cabeza de bola.

Tumbado en un sillón de mi casa viendo la televisión, descubrí algo, sin querer, que me ayudaría en mi trabajo con Javi. Es un programa que se desarrolla en el auditorio de una famosa escuela de actuación de la Ciudad de Nueva York, en el que el entrevistador, un renombrado profesor de actores, tiene una conversación larga y normalmente muy interesante con algún actor o director de Hollywood. En esta ocasión se trataba de Steven Spielberg. La última pregunta de un cuestionario que le aplican a los invitados es la siguiente: "si existe el Cielo y usted llega ahí después de su muerte, ¿qué es lo que le gustaría escuchar decir a Dios, cuando entre por las puertas del Paraíso?"

Spielberg, con serenidad respondió: "Gracias por escuchar".

Aquella respuesta me gustó. Aún cuando parecía algo arrogante, era de lo más interesante. ¿Cómo hacerle para escuchar al *abulito* de Javi?, ¿y a su Ángel? ¿Cómo hacer para que esos dos personajes, me sirvieran de interlocutores para comprender mejor a este niño tan pequeño al que sólo le quedaban unos cuántos días de vida? Spielberg, me había dado la respuesta.

Cada sábado, trato de llevarle un pequeño regalo al paciente en turno. Son típicamente cosas sencillas, sin mayor pretensión, y que tienen el objetivo de distraer a aquellos niños de su dolor y darles un momento de diversión. A fin de cuentas, son niños.

Javi no había mostrado ningún interés por el camión que le había dado la primera semana, y por lo que me había dicho Javier papá, al niño con cara de chimpancé no parecía importarle demasiado el camión o cualquier otra cosa, por lo que había dejado de llevarle aquellos pequeños regalos sabatinos. Sin embargo, esa semana estaba dispuesto a intentar una nueva estrategia. Llevaría regalos, pero no para Javi.

Al llegar a la caja del supermercado pensé que ahora sí me estaba volviendo loco.

–¿Encontró todo lo que buscaba?, me preguntó apática la cajera, sin importarle demasiado mi respuesta.

–Sí, gracias, dije también de manera mecánica, al observar aquél micro ventilador personal, un paquete de pilas "AA" y una pequeña brújula.

En el estacionamiento, abrí ansioso el paquetito de pilas y las instalé en el ventilador. Funcionaba. Chafa, pero funcionaba. La brújula también, o al menos, apuntaba siempre a la zona que yo creía que era el Norte de la Ciudad de México. Sí, sí, por allá es "el Toreo", pensé al ver aquella carátula temblorina montada sobre una especie de cama líquida. Me dirigí hacia Cuernavaca.

Javier papá estaba llorando. Solo. Sentado en la rampa de la puerta principal que sirve para acceder al edificio en silla de ruedas o camilla. Bárbara no estaba ahí. Su sitio en la banqueta estaba vacío.

Nunca lo había visto llorar. El exitoso contador, que asesoraba a importantes empresarios debía tener todo bajo control. Llorar no había sido nunca una opción en su vida. Y sin embargo, nada de lo que le pasaba a su pequeño hijo podía ser controlado, y todo lo que le pasaba ameritaba un par de lágrimas de vez en cuando, o más. Ese niño con voz ronca que puede todavía ver a su abuelo ya muerto, y a su ángel, dejaría este mundo sin que alguien pudiera hacer algo para retenerlo aquí. Su pequeño cuerpo, estaba programado para dejar de funcionar a los cinco años… casi seis.

Siempre es útil explotar. Catarsis, le llaman los psicólogos. Es la posibilidad de hacer un alto en el camino para poder seguir adelante. Tomar vuelito, le llamo yo.

Entré al hospital sin distraer la atención de Javier papá, y me senté en la banca de madera que se encuentra junto a la puerta principal, de frente a la recepción. Dejé que la bolsa del súper, que contenía los extraños regalos destinados a la habitación 102, colgara del brazo de la banca, del lado derecho. Me levanté, para robarme unos pañuelos desechables de la mesa de la recepcionista. Esperé una media hora. Por primera vez en casi un año y medio, vi cómo era el proceso de admisión al hospitalito. Burocrático. Lento.

Javier cruzó la puerta, todavía con mucha humedad en la cara. Me levanté y le ofrecí un Kleenex. Lo tomó.

—Me *cachaste*, dijo con media sonrisa.

—Te *caché*. Te invito un café, compadre, le dije.

—Ok, dijo, y comenzó a llorar nuevamente, esta vez en silencio, preocupado por que lo vieran flaquear.

—No pasa nada si lloras, güey.

—No quiero que me vean así.

—¿Quién?, pregunté sorprendido y un poco enojado.

—Los demás papás, me dijo cubriéndose los ojos con el Kleenex.

—No Javier, me caí que no pasa nada. Al contrario. Aquí los demás papás lo único que no parecen entender es que la gente no llore, dije tratando de confundirlo un poco. Acuérdate que no todos aquí fueron educados por tus curas esos, ¿eh?, dije tratando de relajar un poco el ambiente.

—Deja en paz a mis curitas, dijo ya sonriendo y aceptando la tregua que yo había propuesto.

Nos sentamos en la cafetería. Así le llamábamos, aunque en realidad era sólo un espacio de unos veinte metros cuadrados en el que habían tres mesas de esas de plástico blanco que venden en los supermercados, con sillas del mismo material, que no pesan nada, pero que en realidad son bastante cómodas. De un lado, un gran ventanal que daba al jardín, y del otro una barra pequeña con una máquina de café, que habían mandado traer las monjas desde Canadá, un refrigerador de cocina, uno de refrescos y otro de helados. Cinco o seis sandwiches, envueltos en unas bolsas muy extrañas de papel encerado y tres o cuatro donas y piezas de pan dulce.

Todavía no empezábamos a tomar café, cuando recordé aquella bolsa de plástico colgada del brazo de la banca de la entrada. Me levanté como impulsado por un resorte y salí de la cafetería con un rápido: ahorita regreso, no me tardo nada.

La bolsa ya no estaba ahí. No puede ser, pensé. Qué poca madre.

Giré para dirigirme a la recepción. Aquella mujer me observaba con una sonrisa extraña.

–Hola. Oiga, ¿no vio una bolsa de súper, que estaba?...

–La recogí, me interrumpió. ¿La quiere?

–Sí. Muchas gracias. Le dije aliviado

–Son cinco pesos, me dijo.

–¿Cómo?, pregunté asombrado y hasta ofendido.

–Cinco pesos. Eso, o me devuelve los Kleenex que me robó hace rato, me dijo divertida.

–Perdón, le dije al tiempo que se me ponía roja la cara.

–Tenga, me dijo riendo y extendiendo el brazo para entregarme la bolsa.

–Le prometo que al rato le traigo una caja nueva de Kleenex.

Sonrió. Ya no dijo nada. Lo importante, era que había recuperado el ventilador y la brújula.

Al regresar a la mesa, Javier se veía ya mucho más calmado. Ni modo. Me hubiera gustado hablar con el mientras estaba un poco más vulnerable.

–¿Qué es eso?, me preguntó viendo que regresaba con una bolsa de plástico en la mano.

–Un regalo para... tu papá... o tu suegro. Todavía no sé para cuál abuelo de Javi.

–¿El que vive en el cuarto?, preguntó con la misma naturalidad con la que su hijo hablaba con su abuelo.

–Sí, respondí.

–Es mi papá. José.

–Es mismo, le dije. El *abulito* Pepe, añadí.

Sonrisa. Silencio. Café.

–¿Tu crees que de veras lo puede ver?, me preguntó serio.

–Yo sí, le dije.

Silencio. Café.

–Por favor no le digas esto a nadie, pero, la primera vez que lo vio, yo por supuesto no le hice ningún caso, pero era tal su insistencia, que para desmentirlo, le pedí que me lo describiera.

–¿Y?, pregunté casi al borde de mi silla intrigado por aquello de "por favor no le digas esto a nadie", frase que siempre trae consigo una verdad extraordinaria.

–Pues al principio... tu sabes cómo habla un niño de esa edad, en realidad su descripción era vaga, pero justo cuando estaba a punto de perder el interés, dijo algo que me dejó frío.

Pausa. Café. Auxilio.

–Su sombrero es de cuadritos.

–¿Cómo?, pregunté.

–Su sombrero es de cuadritos, repitió Javier. Mi papá dejó de usar sombrero cuando todavía éramos chicos mi hermano y yo. No tengo en mi casa ninguna foto de mi papá con sombrero. Pero si hoy cierro los ojos para acordarme de él, la imagen que me viene a la mente es de nuestra casa en San Jerónimo, el jardín, comida familiar, y mi padre como siempre, con sombrero.

Pausa.

–Un sombrero de fieltro ... de cuadros.

Pausa. Café. Silencio.

–Y tu cabeza de contador no puede entender aquello ¿verdad?, dije para romper aquél silencio incómodo.

–Ni la tuya de Tanatólogo, no jorobes güey, dijo con una franca sonrisa.

–Yo lo puedo entender perfecto, mentí con actitud de falsa superioridad.

–Yo ya no sé ni qué pensar, confesó un poco más en serio.

Pausa. Café.

–¿Cómo era tu papá?, pregunté de improviso.

–¿Qué quieres decir?

–Sí, que ¿cómo era contigo y con tu hermano?

–Eso es lo más extraño Carlo. Mi jefe era un verdadero ogro. El típico papá nada cariñoso conmigo o con mi hermano. Bueno, ni siquiera era cariñoso con mi mamá. Por eso no puedo creerle a Javi, cuando me dice algunas cosas que supuestamente vienen de mi papá.

–¿No puedes, o no quieres?, pregunté.

–Ah, ya vas a salirme como siempre con una de tus jaladas.

–Bueno güey, tú eres el que te tienes que esconder para llorar ¿no?

–Ok, va. No quiero creerle. ¿Por qué a mi hijo si le puede decir cosas como que lo quiere mucho, y a nosotros nunca?, me dijo, siguiéndome la corriente, pero con un enojo que llevaba ya muchos años anidado en su cabeza y su corazón.

–Por qué es mucho más fácil ser abuelo que papá. Por que siendo abuelo no tienes la obligación de educar a nadie. Por que tu hijo se está muriendo, y tu papá sabe que estás un poco solo en medio de una tormenta enorme. Por que, tu papá, sabe, de alguna manera, lo que está pasando dentro de ti, dije sin saber bien de dónde venía todo aquello.

Silencio. El café se había terminado.

–¿Quieres una coca o algo?, me preguntó al ver ambas tazas vacías y tratando de evitar responder.

–Como tú digas, respondí, dándole espacio para decidir si quería continuar aquella conversación.

–Mejor subimos a ver al bulto ¿no?

–Ok, le dije poniéndome de pie de inmediato.

Subimos en silencio. Antes de entrar al cuarto, sentí una palmada en la espalda y un sencillo "gracias güey". De nada, pensé un poco conmovido. De nada.

6

–Hola bulto, le dijo con cariño el padre al hijo.

–Hola pa. Hola Carlo, dijo Javi quien parecía siempre calmado a pesar de que a veces se quedaba "solo" en el cuarto.

Me acerqué a su lado con la bolsa en la mano, y a propósito la puse sobre la cama casi encima de él.

–¿Qué trajiste?, me preguntó.

–Unos regalos. Pausa. Pero no son para ti, dije con toda intención.

–¿Son para mi papá?, preguntó.

–No, dije sin más, tratando de provocar una respuesta.

–¿Entonces?

–¿Qué?, ¿entonces, qué?, pregunté.

–Pues, ¿para quién son?

–Pues uno es para Pepe y el otro para Silvana-Carlo, dije divertido.

Javi, abrió los ojos con asombro y sacó la lengua en un gesto de alegría.

–¿A ver?, dijo abriendo la bolsa, ¿qué son?

Javier papá, se acercó curioso también queriendo ver lo que había en la bolsa.

–Este es para tu *abulito* Pepe.

–¿Qué es?, preguntó el niño sin entender para qué servía aquello.

–Es un ventilador, para cuando le de mucho calor, le dije mientras prendía el pequeño ventiladorcito y lo dirigía hacia la cara del niño para molestarlo un poco.

Javi volvió a sacar la lengua divertido frente a aquél chorro de aire fresco.

–Muy bien, dijo, como autorizando el regalo mientras miraba hacia una esquina del cuarto donde, supongo yo, se encontraba su abuelo.

–¿Y el otro?

–Es una brújula, le dije, sacándola de su empaque.

–¿Un reloj?, dijo el niño con cara de duda.

–No mira. El reloj sirve para saber qué hora es ¿no?, le dije mostrándole mi reloj de mano. Esto es una brújula y sirve para saber dónde estás.

−Es un reloj, insistió.

¿Cómo explicarle a un niño de cinco años, para qué servía la brújula? Intenté.

−¿Tu sabes dónde vive Silvana-Carlo?

−No, dijo honesto.

−Pues en el cielo, ¿no?, y desde allá arriba viene a visitarte.

−Sí, dijo sin entender bien lo que le decía.

−Mira, dije abriendo la persiana. ¿Ves esa nube de allá?

−Sí.

−Pues yo creo que tu ángel vive allá arriba.

−Sí.

−Y está rete lejos, ¿no?

−Sí.

−Pues bueno, esto le va a servir para que no se pierda.

−Pero no se pierde, dijo con seguridad, al tiempo que destruía mi relato.

−Pues bueno, y qué tal cuando llueve. A poco no crees que un día con mucha lluvia al ángel le cuesta un poco de trabajo encontrar tu cuarto.

−Sí.

−Ah, pues esto le va a servir para saber siempre cómo llegar.

Javi, abrió nuevamente los ojos enormes, contento por aquél artefacto que serviría de guía a su amigo con nombre de mujer y de hombre, y que por su reacción, parecía no estar ahí en ese preciso momento.

−¿Te gustaron los regalos, mijo?, preguntó el padre quien estaba divirtiéndose con la explicación.

−Sí, dijo el niño alegre.

Pausa.

–¿Y para mi mami?, preguntó viéndome a los ojos y dejándonos helados a ambos adultos.

No supe qué decir. Giré para hacer contacto con Javier papá. Su cara era de puro asombro. Hacía mucho tiempo que el pequeño Javi no había preguntado por su madre. Javier Sr. se puso algo pálido, y me miró asombrado, como pidiéndome que lo salvara. Yo no sabía qué hacer. El niño seguía jugando con la brújula y el ventilador, mientras que nosotros dos nos quedamos mudos, cubiertos por un silencio difícil de romper.

La pregunta del padre fue precisa.

–¿Ha venido tu mami a verte, mijo?, dijo Javier con los ojos rojos.

–Sí, respondió con la naturalidad que ya le conocía. Vino hoy, al rato, añadió en su idioma.

Javier se paralizó. Me pareció que él hacía hasta lo imposible para no romperse. Yo volví a recordar mi promesa de vivir aquello con soltura.

–Y, ¿qué te dijo?, pregunté con cautela.

–Que mi papi estaba llorando, y que eso estaba bueno por que iba a poder dormir mejor, dijo el pequeño santito.

Ningún médico, ningún psiquiatra, ningún sabio, me hubiera podido convencer en ese momento que la realidad que yo estaba viviendo, que lo que estaba viendo y escuchando era producto de la enfermedad del niño, o de su "condición psicológica". Aquello no era ni una alucinación, ni un sueño. Era verdad. Su madre había venido mientras yo estaba con Javier abajo. Había venido para acompañarlo, mientras su papá descansaba y se desahogaba por primera vez en casi un año. Había venido también, para preparar el camino de su hijo. Eso lo comprendería tan solo quince días después.

A partir de ese momento, la madre, no volvería a dejar sólo al niño ni un minuto. Tampoco Javier.

El papá, el esposo viudo, rompió en llanto nuevamente. Por primera vez lo haría frente a su hijo, quien se conmovía del dolor de su padre. Estrechados en un abrazo profundo, ambos Javieres lloraron, cada uno a su modo, cada uno por el otro. Ninguno por sí mismo. Eran lagrimas de las que reparan, de las que curan.

Nada te turbe, nada te espante, todo se pasa, Dios no se muda, la paciencia todo lo alcanza, quien a Dios tiene, nada le falta, solo Dios basta, recé en silencio mientras me alejaba sin hacer ruido. Salí. Nada de lo que pudiera decir en ese momento sería más útil de lo que ya estaba pasando.

Al salir, me topé con Silvana que estaba a punto de entrar. No; le dije simplemente al tiempo que cerraba la puerta detrás de mi. Ella comprendió. Seguramente, mi cara lo decía todo. Me encaminé sin pensarlo hacia la capilla. Era un gran lugar para llorar un rato. Esa vez lloré más de alegría que de dolor.

En mi banca estaban sentados también Pepe y su nuera. No me pregunten cómo lo se, pero estoy seguro de que ellos estaban también ahí. Gracias, les dije casi sin poder hablar. Por lo que están haciendo también por mí.

Gracias.

7

Al día siguiente, domingo, decidí ir a la Iglesia de la Covadonga en Palmas. Ahí estaban las cenizas de mi papá. La verdad es que hacía mucho tiempo que yo no iba a visitar la cripta. No había en realidad ninguna razón para no ir, pero mi familia no es de visitar cementerios o criptas muy seguido. Sin saberlo, mi mamá nos educó para comprender que a nuestros muertos los podemos llevar en el corazón y en la oración. Sin embargo, quizá por la presencia incomprensible de Pepe y de Laura el día anterior en la capilla (descubriría unos días más tarde que así se había llamado la madre de Javi), decidí buscar refugio o algo parecido frente a la cripta de mi papá.

Covadonga es una iglesia enorme. Tosca. Alta. Gorda. Siempre hace un poco de frío. A unos diez metros sobre el piso, en ambos lados, se abren enormes una serie de vitrales que fueron donados por algunas familias descendientes de Asturianos, que seguramente llevaban ya muchos años en México, pero que seguían añorando la patria de sus abuelos. No me gusta ir a Misa ahí, por que es tan grande que las pequeñas bocinas no alcanzan para llenar el gigantesco lugar, y generan un eco que hace imposible que se le pueda entender algo al cura. Es como no haber venido a Misa, pensaba siempre al salir de aquella Iglesia fría de piedra y mármol. Si no te toca librito para leer las lecturas, no se entiende nada. No tiene mucho caso venir.

Ese domingo en particular, la Misa no me interesaba demasiado. Desde que llegué me dirigí directo a la parte de atrás, en donde se encuentra la "Cripta de La Resurrección". Un nombre poco original, era lo que siempre pensaba al leer aquél letrero.

Las cenizas de mi papá están en el segundo piso, en el que hay una pequeñísima capilla. El olor de ese sitio es muy característico, a flores, a velas. También ahí dentro, hace siempre frío, sin embargo, a diferencia del resto de la iglesia, el lugar siempre me ha parecido bastante acogedor y sobre todo, por alguna razón, el silencio que ahí se vive, me da siempre mucha paz. Subí por la oscura escalera, sin saber bien a bien el propósito de aquella visita. Me persigné, y me senté en una larga banca de madera que se extiende precisamente frente a la cripta de mi familia. Igualita a la del hospital, pensé sonriendo por aquella coincidencia, que no tenía ningún significado. Eran las seis y cinco. Cerré los ojos. Algo pasó.

El ruido de gente entrando a la pequeña capilla del segundo piso y de la gente saliendo de la Iglesia, me sacó del pequeño trance en el que había caído. Eran ya las seis cuarenta y cinco. Yo no había sentido el tiempo. Me sentía mejor. Quién sabe por qué. Me despedí. Nunca lo había hecho, pero mi reacción fue natural. Coloqué la mano derecha sobre la cripta y recé en silencio la oración de *mis moribundos*. Me dieron ganas de llorar. Me contuve. Me daba pena que me vieran llorando ahí. Una pequeña sonrisa involuntaria me surgió. No que no, güey, me dije a mi mismo, mientras divertido bajaba por las escaleras, recordando todo el discurso que le había tirado a Javier sólo unas horas antes. Incongruente, me dije a mi mismo en voz alta. Salí riendo. Una señora que entraba a las criptas me vio con cara de ofendida. Pues de qué se ríe este idiota.

Javi se iba a morir en dos semanas.

El siguiente sábado, llovía. Era extraño para la época del año, pero sumamente útil para iniciar una conversación con Javi.

–Ya ves, qué bueno que Silvana-Carlo ya tiene su brújula, ¿no?, ve nomás cómo está lloviendo duro, así no se va a perder.

–Sí, dijo simplemente el niño que estaba mucho más débil que la última vez que lo había visto.

–¿Cómo te sientes chaparro?, le pregunté con cuidado.

–Bien.

–¿Tienes ganas de platicar, o vemos la tele?

–Platicamos, dijo con el entusiasmo que siempre lograba ponerme de buen humor.

–Bueno. Oye, ¿está aquí tu *abulito*?

—Sí.

—Y ¿Silvana-Carlo?

—Sí.

—Y ¿tu ma?

—Salió con mi papi, dijo.

No había modo de acostumbrarme a aquellas respuestas tan inocentes, tan naturales y tan seguras.

—Pues, hola Pepe y hola señor Ángel, dije volteando hacia el lado opuesto del cuarto.

—Javi, sonrió agradecido por aquél saludo loco.

—Te apuesto a que Pepe, trae sus sombrero de cuadrito, le dije.

El niño se animó. Sí, me dijo con entusiasmo.

—Oye, ¿y el Ángel?, ¿qué ropa trae?

Javi me miró con extrañeza.

—¿Cómo?, me preguntó.

—¿Cómo está vestido tu ángel?, pregunté sin saber bien a dónde me llevaría aquella pregunta.

—No sé, dijo Javi tajante.

—Pero, ¿cómo es Silvana-Carlo?, pregunté atropellado y dándome cuenta de mi enorme curiosidad.

—Blanco, dijo el sensato niño.

—¿Su ropa es blanca?, o su cara.

—Es blanco todito.

—Y ¿de qué color tiene los ojos?

—¡No. Es blanco!, dijo un poco desesperado por mi falta de comprensión.

Hice más preguntas. ¿Tiene alas?, ¿lleva vestido o traje?, ¿de qué color tiene el pelo?, ¿le puedes ver la cara?... es blanco, se limitaba a responder el niño.

Nunca logré que Javi me describiera a su Ángel. Podía describir a su abuelo, y para sorpresa y enormes cantidades de lágrimas de Javier, pudo describir con cierto nivel de detalle a su madre, que nunca había conocido en persona, aunque sí en fotografías. Sin embargo, la respuesta a todas mis preguntas sobre el Ángel se limitaba a un color. Excepto la última.

–Oye, ¿y tu Ángel se parece a tu papá, o a quién?

–Al foco, dijo señalando con un dedo pequeñísimo la lámpara de la mesita de noche.

Me acerqué a la lámpara y la prendí.

–A ¿este foco?

–Sí. Es blanco, dijo nuevamente casi esperanzado a que yo entendiera por fin que el Ángel era simple y sencillamente blanco.

No dije más. No pregunté más. Cómo me hubiera gustado poder entrar por un segundo a la cabeza de Javi, y ver el mundo desde sus ojos. Me hubiera gustado conocer a Silvana-Carlo, el Ángel blanco, el Ángel-foco, iluminado, lleno de luz, sin cara, sin color de ojos, sin alas, sin ropas. Blanco.

8

Silvana, la Generala, estaba en el jardín. No estaba sola. Otras tres personas estaban ahí, caminando a su alrededor, y sin embargo ella parecía no advertirlos. Estaba triste. Yo no sabía si acercarme o no. Es tu chamba, pensé mientras caminaba hacia la banca que por una vez, estaba ocupada. Me senté en silencio.

–Vengo de ver a Javi, le dije. Lo veo muy mal.

–No creo que pueda pasar del lunes o el martes, me respondió con la voz cortada. Ninguno de los dos podía saber que Javi moriría en tan sólo un par de horas.

–Qué niño más increíble, ¿no?, le pregunté.

Como muchas veces, en este trabajo, la reacción fue inesperada. Clara ya me había enseñado, que detrás de cada uno de estos momentos "especiales" como ella los llamaba, había una enseñanza de vida a la que uno debía estar atento.

–¡Carajo! Ahora sí, ya no puedo más, Carlo. No está bien, dijo la espigada enfermera con un enojo profundo. ¡Carajo! repitió.

–¿Qué tienes?, pregunté francamente sorprendido por la reacción de la Generala a quién nunca había visto perder el control de esa manera.

–¿Que qué tengo?... que se me va mi niño... ¡eso tengo!

Silencio. No sabía qué decir o hacer. Auxilio.

–No conocí a mis padres, me dijo, confiándome un secreto que hasta entonces había guardado con mucho dolor. Me abandonaron cuando tenía un año. Me dejaron en un orfanato de Morelia. Eran muy pobres. No los culpo.

Yo escuchaba con atención y algo de asombro. Este trabajo siempre trae sorpresas, y facilita que la gente se abra y comparta desde muy dentro.

–No tenía nombre, dijo de repente. Me dejaron en aquél lugar y no le dijeron a nadie cómo me llamaba. Una de las voluntarias me puso este nombre horrible. Silvana. Y así me bautizaron.

–No me parece tan feo, dije estúpidamente. Hay peores, me atreví a decir sin pensar demasiado.

La Generala me sonrió sin dejar de llorar.

–Yo quería tener una familia. Hijos, marido. Nunca pude. Nunca supe cómo, me dijo con profunda tristeza.

–A lo mejor por eso te hiciste enfermera, para tener muchas familias a las cuáles cuidar, ¿no?

–Puede ser, pero no me gusta encariñarme demasiado.

–Hasta ahora, dije.

–Hasta ahora, respondió. ¿Cómo no me iba a encariñar de este niño asombroso?, siempre en paz, siempre tranquilo. Nunca me hizo una mala cara, ni cuando lo inyectaba. Nunca lloraba, nunca se quejó. Siempre me decía algo que me hacía reír, o simplemente me hacía sentir bien. Es mi niño, dijo rompiendo en llanto una vez más.

Estaba inconsolable. El silencio era, una vez más la mejor de las herramientas para acompañar.

–¿Sabes qué me dijo un día?, me preguntó orgullosa entre sollozos profundos.

–¿Qué?

–Que a mi me quiere más que a la tal Bárbara.

Reí. ¿De veras?, le pregunté con complicidad.

–Sí, por que yo sí lo cuido, por eso me quiere a mí más.

Silvana lloraba y lloraba.

–Tengo una hermana que es monja, le dije. Cuando entró al noviciado, mi otra hermana y yo, teníamos más preguntas que respuestas. Un día, nos invitaron a la casa donde viven las monjas y nos pidieron que hiciéramos todas las preguntas que teníamos. Yo, que era más estúpido que ahora, pregunté que si le iban a cambiar el nombre a mi hermana. Me había quedado con la idea que todas las religiosas se cambiaban el nombre al tomar los hábitos. Me dijeron que no. En una de esas, le iban a poner Silvana, bromee para romper el hielo.

Luli mi hermana, que es mucho más inteligente que yo, le hizo una pregunta más sensata. ¿No vas a extrañar la maternidad?, ¿no quieres tener hijos?, le preguntó, con una duda real.

Hice una pequeña pausa.

La respuesta fue contundente. Con la tranquilidad que le caracteriza, mi hermana la monja nos dijo: "Pues, es que hay otras formas de ser fértil en la vida, de vivir la maternidad. ¿Se imaginan la cantidad de niños y niñas a las que voy a poder acompañar?".

Tenía la esperanza de que aquella historia de mi familia le sirviera de algo a Silvana. Funcionó.

Me miró en silencio.

–Javi es también tu hijo, dije sin esperar una respuesta. Laura te lo está prestando, y probablemente su muerte te ayude a hacer el duelo que nunca te has permitido hacer, Silvana.

–¿Cómo?, me preguntó interesada.

–Pues yo creo que es tu oportunidad para llorar un poco por los hijos que nunca tuviste, por el marido que no tuviste, por la familia que no pudiste tener. Es tu oportunidad para despedirte de esos hijos que no llegaron y reconocer que elegiste una vocación de mamá y de hija, pero de manera diferente. Has tenido muchos hijos, muchos hermanos, muchos padres, muchas madres, pero a lo mejor no te habías dado cuenta.

La Generala se rompió. Me abrazó llorando. No había nada más que decir. Javi había hecho su trabajo. La vida de aquél niño cobraba un significado especial en la experiencia materna de esta enfermera espigada, profesional y eficiente. No era la muerte de

Javi, sino su vida, la que le hablaba a aquella mujer tan triste. Javi, con su vida, había reconciliado de alguna manera a Silvana con sus padres, y con los hijos que nunca tendría. La muerte, había logrado una vez más, dar vida.

–Gracias amigo, me dijo con cariño.

–Gracias a Javi, y a ti, por ser tan buena con él.

Poco a poco, el espíritu de la Generala volvía a levantarse.

–¿Qué hora es?, me preguntó al cabo de unos minutos.

–Once cincuenta, dije viendo mi reloj.

–Mi madre, dijo paradójicamente. Ya se me hizo muy tarde. Me tengo que ir.

–Vámonos, pues.

Silvana se dirigió hacia la base de las enfermeras del primer piso. Yo, al cuarto de Javi. No había vuelto a ver a Bárbara desde aquella tarde de sábado en la que la había sorprendido sentada en su absurda silla plegable fumándose un cigarro tras otro.

–Y ¿Bárbara?, le pregunté a Javier inocentemente.

–O sea que eres el único al que no le ha llegado el chisme, me dijo Javier.

–¿Qué chisme?

–Hace dos semanas que terminamos, dijo sereno.

–No sabía. Y ¿cómo estás?, pregunté.

–Bien. La entiendo. No es nada fácil esto.

–De acuerdo. Igual y luego vuelven.

–No creo, dijo con gran tranquilidad.

–Ya ves cómo si está viniendo Laura, dije entre risas. De seguro que le picó los ojos o le jaló las patas a Barbarita. No pude contener una risita burlona.

–Pinche Carlo, ¿no que estabas aquí para ayudarme?, dijo aceptando la broma, mientras riendo, me daba un derechazo leve sobre el brazo.

Entré al cuarto 102. Eran las doce.

–Hola Laura, hola abulito, hola Silvana-Carlo, dije cumpliendo el ritual semanal en aquél cuarto lleno de luz. Ah... hola mi Javi, añadí con una sonrisa y dos movimientos de ceja.

Javi no pudo responder. Sólo sonreía. Estaba muy débil.

Me senté en el sillón anaranjado de Mauricio Garcés. Javier papá, se sentó en la cama. No hablamos. Los dos nos quedamos observando al niño que podía ver cosas que nosotros no.

Silvana entró al poco rato. Estaba acompañada de Gabriel, el oncólogo. Entró también Pilar, la novicia, y Julián, el cura. Mucha compañía. Contando al Ángel, a Pepe y a Laura, éramos ya diez en aquél minúsculo cuartito.

Buenas intenciones. Malas noticias.

Yo quedé un poco sorprendido cuando escuché a Gabriel decirle a Javier que había que estar preparados para todo. Era esa frase que los médicos usan por que no se atreven a decir algo más directo como: "Señor, creo que su hijo morirá en poco tiempo. Está muy débil", o cualquier otra cosa parecida. Los quiero, los admiro y los respeto, pero, en general, la mayoría de los médicos son de lo más cobardes. Debían aprender del Dr. Pato.

Javier se acercó al sillón *naranjado*. Su pregunta me tomó por sorpresa.

–¿Qué hago?

Auxilio. A veces me espanta un poco este trabajo. ¿Qué se le puede responder a un papá que no tiene ni la menor idea de cómo enfrentar el momento de muerte de su hijo de cinco años?, ¿qué se le dice a un hombre viudo, que además, acaba de perder a su nueva pareja; que su único hermano no se ha aparecido ni una sola vez para acompañarlo; que es huérfano de padre y que por alguna razón su madre no está presente en su vida; que no parece tener a nadie cerca para darle una mano?

En ese momento, me di cuenta que lo que había pasado en el jardín con Silvana, era una lección también para mí. Era esa lección, de la que Clara me había advertido.

Yo era el hermano de Javier. Ahí y entonces. Yo era su hermano. Para eso estaba ahí. Gracias Javi.

–Nada, compadre, le dije. Lo que te salga. No te tienes que preparar, ya estás listo. Si quieres dile algo a tu hijo. Sí no, no. No te preocupes, sólo trata de vivir lo más consciente que puedas este momento y acompañar a tu hijo. No estás solo. Está tu papá, tu esposa, tu ángel, y estoy yo.

¿De dónde había salido eso? ¿Tu papá, tu esposa... tu ángel?

Pues sí. Allí estaban todos.

9

Era la una. El ritual del Padre Julián había terminado. Como siempre, lo había hecho muy bien. Sabía su negocio. Era un privilegio tenerlo cerca. Salió.

Pilar, la novicia que estaba a punto de convertirse en monja, acompañaba a Javi con una canción y una guitarra. Javi parecía contento por aquello. Silvana estaba sentada del lado izquierdo del niño. Revisaba de vez en cuando la pequeña gotita que caía del suero. Javier, semi recostado sobre la cama del lado derecho, acompañaba a su único hijo, sostenía con cariño la mano del niño. En silencio. Todos escuchábamos aquella canción de cuna, que la novicia con más cariño que entonación cantaba en voz muy baja.

La canción había terminado. Pilar, apenada por no haber podido contener el llanto se levantó y salió de la habitación del niño. Qué mal formados estamos para esto de la muerte, pensé con tristeza. Por qué la gente no puede entender que llorar no es un pecado. Nadie se va a sentir mal por que alguien más llore en un momento como este. Al contrario. Quién puede dejar de llorar, cuando un niño extraordinario como éste nos comparte su momento de vida más importante.

El camioncito de carga con todo y su chófer con cabeza de bola, yacía abandonado debajo de la mesita de noche. El moño seguía colgando de la cabina. Sonreí ante la ligereza de equipaje con que ese niño se despedía de nosotros. No necesitaba cosas, se podía ir suelto, libre, en paz... acompañado.

Era la una y veinte. Pasó, lo que tenía que pasar.

Javi levantó con trabajo la cabeza, como buscando algo, o más bien como descubriendo algo nuevo. Todos lo notamos.

Silvana se alarmó un poco, y se levantó. Javier buscó la mirada de su hijo.

–¿Estás bien, chaparro?, preguntó.

El niño no contestó. Mirando hacia el pie de su cama, sencillamente dijo "Hola" con esa voz ronca sensacional, que yo extrañaría tanto. Luego volteó casi hacia donde yo estaba. Sin mirarme a mí, dijo nuevamente "Hola".

Javier, Silvana y yo, entendíamos perfectamente aquello. Me levanté, como dejando mi lugar a aquellos visitantes que sin duda, conocían mejor al enano.

–Hola, dije yo también, levantándole las dos cejas a Javier papá, como queriéndole decir que todo estaba bien.

–Hola, me siguieron Silvana y el padre, que apretaba la mano de su hijo.

El pequeño sonreía. Ya no se le borraría de la cara esa sonrisa serena.

El momento no es fácil de describir. En aquél cuarto pequeñísimo, lleno de luz, estábamos tres vivos, uno en tránsito, y quién sabe cuántos muertos que venían a acompañar a aquél niño extraordinario. No pude contener la emoción, lloré como hacía mucho no lo hacía. Silvana también. Javier estaba totalmente concentrado en su hijo.

Como si nos hubiéramos puesto de acuerdo, Silvana y yo, nos alejamos un poco de la cama. Lentamente. Ella se levantó en silencio de su silla y dio un par de paso hacia atrás. Yo me moví hacia la puerta. No sabíamos por qué lo hacíamos. Era como si tuviéramos que dejar espacio para que la familia, toda reunida, se colocará alrededor de la cama de Javi. Así lo hacíamos siempre, sólo que esta vez no los podíamos ver. Qué importaba. Ahí estaban todos.

A la una y media, Javier le dijo a su hijo que no tuviera miedo. Le besó la mano, la frente, la cara. No podía parar de llorar. Silvana y yo, nos tomamos de la mano como para darnos fuerza y asegurarnos que estábamos ahí.

Con una sonrisa profunda, Javi nos volteó a ver a ambos. Luego vio a los demás. Se marcharon en silencio. Todos en silencio.

Era sábado.

4

Mauricio
El miedo

1

Flor Freud, como yo le decía, se acercó lentamente hacia la pequeña salita de espera en la que yo estaba tratando de organizar a los cuatro voluntarios que acababan de llegar para hacer su servicio social. No tenía realmente mucha idea de lo que estaba haciendo, pero trataba de seguir las instrucciones que me había dejado Clara en el buzón de voz de mi teléfono la noche anterior.

Yo no tenía ningún paciente ese sábado, y Clara no llegaría hasta el miércoles de la semana siguiente por lo que no podríamos elegir uno nuevo mediante nuestro ritual de los expedientes. Lo más sensato era tratar de ser útil y hacer lo posible por organizar a aquellos jóvenes que con mucho entusiasmo se proponían a sí mismos para realizar tareas de todo tipo. Eran estudiantes de psicología de último semestre.

Flor me observaba divertida.

Unos minutos después, se acercó y me dijo: "necesito de tu ayuda".

Aquella frase era como música para mí. La gran psicoanalista, pidiéndole ayuda al terapeuta patito. Era realmente gracioso.

Caminé con ella en silencio. Orgulloso. Nos dirigimos al café.

–¿Te pido algo?, le pregunté.

–Un café exprés, doble, cortado. Dijo con autoridad sabiendo que esas instrucciones confundían siempre a la encargada de aquél lugar.

–Un exprés sencillo para mí, y un exprés grande con leche caliente para la doctora, le dije a la encargada, al tiempo que volteaba a ver a Flor en actitud de regaño.

La plática era bastante superficial. No parecía ir a ningún lado. Después de una pausa y medio café, Flor se puso un poco más seria.

–Me enteré que no tienes paciente asignado, ¿es así?, me preguntó.

–Sí. Ya ves que necesito la mano santa de Clara para elegir al siguiente.

–Tengo un caso interesante, y creo que puedes ayudarme.

–Y ¿tu caso interesante, tiene nombre Florecita?, dije sarcástico como para hacerle ver que se trataba de alguien y no de algo.

–Mauricio, me dijo sin sentirse aludida por mi pregunta. Once años, añadió abriendo un expediente médico. Tumor en el cerebro, primario, grado tres. Siguió hablando.

Yo me había quedado en lo de "Mauricio, once años". Flor lo notó. Hizo una pausa. Se dio cuenta que el diagnóstico médico no era demasiado relevante para mí en ese momento.

–Se va a morir y está muy enojado, dijo finalmente.

Lo logró, pensé divertido. Finalmente, humana.

–¿Enojado?, ¿cómo?, pregunté.

–Furioso.

–Bueno, pues no es pa menos ¿no?

–No Carlo, esto es diferente. Es normal que los pacientes con cáncer en el cerebro tengan ciertas actitudes hostiles y cambios de humor, es más, es normal que no entiendan a veces lo que está ocurriendo a su alrededor y que se porten hostiles con todos los que tratamos de intervenir. Este paciente ha sufrido mucho con la radioterapia y, sus papás... bueno, no parecen ayudar demasiado. Está demasiado enojado, es violento pero entiende perfectamente lo que está pasando. Nadie ha podido acercarse realmente, y como te digo, la madre es un tanto pasiva.

Pausa. Silencio.

Me quedé viendo a Flor divertido, levantando las cejas en actitud de victoria y con los brazos cruzados. No abriría la boca ni una vez más, tendría ella que doblegarse y pedir ayuda. Era parte de nuestro juego.

–¿Qué me ves?, dijo sonriendo.

Silencio. Le cerré los dos ojos.

–Si crees que te voy a rogar, estás muy equivocado mijito.

Silencio.

–Te dejo el expediente. Tu pagas los cafés. Está en el segundo piso. Cuarto 206. Su mamá se llama Silvia.

Se levantó y se fue. Ella creía que había ganado aquella pequeña batalla. El ganador había sido yo.

Busqué a Gabriel. Necesitaba más información sobre la situación de este niño.

Gabriel era el único médico relativamente joven en aquél hospital-hospicio. Acudía a visitar a los enfermos de cáncer, en total diecisiete. Todos en fase terminal. Seis niños, dos adolescentes, nueve adultos.

Hacía hasta lo imposible por convencer a los padres y familiares de que intentaran una nueva sesión de radiación, una nueva serie de quimioterapia, incluso alguna cirugía. Luego, con mucho talento y mucho más entusiasmo, hablaba con colegas en la Ciudad de México para convencerlos de darle a sus pacientes de Cuernavaca una oportunidad. No sabíamos bien cómo lo hacía, pero lo lograba siempre. Nunca nos pidió dinero para ayudar a las familias a pagar aquellos tratamientos que a decir verdad, muy pocas veces tenían resultados. Las familias no pagaban nunca y el tratamiento se hacía siempre.

Clara especulaba con la posibilidad de que todo aquello era financiado por Gabriel mismo. Siempre acompañaba al paciente al hospital en el que Gabriel había arreglado "la ayuda" y regresaba impresionada por aquellos hospitales capitalinos, y por la enorme generosidad, decía ella, de los médicos que habían permitido aquél milagrito.

–Es demasiado dinero, le decía siempre. ¿Quién va a pagar todo esto?

–No se preocupe hermana, respondía Gabriel con mucha tranquilidad. Tengo un buen amigo en el Hospital fulano que ya accedió a echarnos la mano. Lo único que hay que hacer es pagar la medicina y los reactivos, pero también con eso ya nos ayudaron. De verdad, no se preocupe.

Siempre había un amigo en el hospital fulano, que ayudaba, uno con la terapia, otro con la medicina, otro con la estancia en el hospital. A veces surgía uno muy generoso que pagaba operación y terapia intensiva. De verdad que todo aquello parecía un milagro. Yo siempre pensaba que era el premio justo, al esfuerzo tan extraordinario de aquellas monjas, en su mayoría, canadienses.

Un día, Clara simplemente dejó de preguntar. Todos seguimos su ejemplo.

Gabriel estaba casado. Su esposa era especialista en radioterapia en alguno de los "hospitales fulanos". Nunca la conocimos directamente, pero sí conocimos su buena mano para los postres. Casi cada semana, le mandaba algún postre a las monjas de Cuernavaca, que acabábamos probando todos los demás. Para mi suerte, el día del postre era el sábado. Impresionantes cantidades de panqués, pasteles de chocolate, trufas, *brownies*, donas, galletas.

Con razón sigues casado, compadre, le dije a Gabriel algún día con la boca llena de un extraordinario merengue. Todos asentían con la cabeza, sin poder hablar, mientras Gabriel nos veía divertido y orgulloso por el éxito que nuevamente había tenido su mujer, que muy atinadamente se llamaba Perla.

2

La explicación de Gabriel fue precisa. Más de quince años en la universidad le habían enseñado un estilo muy específico y por desgracia muy generalizado entre los médicos para comunicarse. Demasiados tecnicismos. No era fácil de descifrar. Craneotomía. Edema. Meduloblastoma. Radioterapia. Radiosensibilizadores. Se protegen con tanta complejidad, pensaba yo mientras lo escuchaba. Ellos creen que no. Tienen miedo.

Después de unos quince minutos, Gabriel, que había hecho su mejor esfuerzo por explicarme la situación actual de Mauricio, me dejaba con dos conclusiones.

–O sea que tiene un tumor en el cerebro, que no es operable y que por la etapa en la que está, no es curable. ¿Sí?, pregunté todavía un poco confundido.

—Correcto, me dijo orgulloso, cuando en realidad tendría que haber estado un poco apenado.

—Ok. Y lo del enojo, es más o menos normal. Se siente débil todo el día, tiene unos dolores de cabeza terribles en la mañana, vomita toda la tarde y le dan convulsiones en la noche. Le molesta la luz y no le va a volver a salir pelo nunca, y encima, la medicina hace que se sienta todavía peor. Yo también estaría enojado.

Gabriel se quedó pensativo. No le había gustado la forma en la que yo había resumido aquella disertación médica que había durado un poco más de un cuarto de hora.

—No es exactamente así, pero veo que no te voy a convencer de otra cosa, me dijo derrotado.

—Gracias compadre, pero en tu opinión, ¿qué crees que deba hacer para ayudar a este amigo?

—No tengo ni idea, dijo con toda sinceridad, cosa poco común entre los expertos médicos oncólogos.

Me sentí frustrado. Flor, no sabía qué hacer. Gabriel tampoco. Clara no estaba. El expediente estaba en mi mano… y el cuarto era el 206.

Pasé la siguiente hora, conversando con las enfermeras del segundo piso. Yo casi nunca subía ahí, por que típicamente los niños más pequeños eran hospedados en los cuartos de abajo. Cada vez que mencionaba el nombre de Mauricio, la enfermera con la que conversaba cambiaba de actitud.

—Entiendo que está enfermo, pero es un pelado, decía una.

—Imposible, decía otra.

—Y su mamá, como si nada, se quejaba una tercera.

Mauricio aventaba la comida, los vasos, las charolas. Se hacía pipí a propósito en la cama. Le gritaba a todo el mundo. Escupía la medicina. Decía groserías más fuertes que las que en teoría se sabe un niño de once años.

El panorama era desolador.

–¿Saben dónde está su mamá ahora?, les pregunté.

–En el cuarto, dijeron las tres al mismo tiempo.

–Se llama Silvia, ¿verdad?

–Silvia, sí. Y el papá, se llama Alberto.

–¿Está aquí también el papá?, pregunté.

–Ni en sueños, dijo Rosita, la enfermera encargada del piso. No viene nunca, y cuando viene, sabemos que tendremos más problemás después de su visita.

Me la debes, Florecita, pensé mientras me acercaba con algo de angustia al famoso cuarto 206. Toqué.

Un alarido como salido de una película hollywoodesca de terror surgió del cuarto aquél. Giré con sorpresa y susto hacia donde las tres enfermeras se revolcaban de risa, a mis costillas, por mi mala suerte. Di un paso hacia atrás, esperando que el silencio regresara. No fue así. La puerta se abrió apenas unos centímetros.

–¿Silvia?, pregunté.

El alarido era casi insoportable. Se acercó Rosita al cuarto, todavía con una franca risotada en la cara. ¿Necesita ayuda doctor?, me preguntó burlándose y consciente de que yo no era médico.

–No sé. Le dije con cara de idiota.

–Hola Silvia, traté de decir dirigiendo mi voz hacia la pequeña abertura en la puerta.

La mujer salió del cuarto. Rosita entró. La escena no era propia de ese hospitalito que a mí siempre me había tratado de maravilla. Gritos, amenazas.

–Te tienes que callar ya, Mauricio, dijo enérgica la enfermera. ¿Qué no ves que vas a despertar a los demás enfermos?

La puerta se cerró. Los gritos seguían. Yo no podía entender bien quién iba ganando aquella batalla campal.

–Silvia, ¿verdad?, volví a preguntar más apenado que seguro de lo que estaba haciendo ahí en ese momento.

–Sí, me dijo desconfiada. ¿Es usted médico?, yo ya lo había visto, pero nunca en este piso, dijo la mujer.

–No señora, dije con cautela. No soy médico, soy tanatólogo.

Feísima palabra. Tanatólogo. Nadie la entiende, y a la mayoría le asusta.

–Bueno, soy como una especie de terapeuta que trato de ayudar a personas muy enfermas, terminales, y a sus familias en momentos difíciles como los que ustedes están pasando. (Malísima también la palabra terminal, y por Dios, ¿de dónde había salido eso de "soy como una especie de terapeuta"?).

–Nosotros no necesitamos ayuda, me dijo calmada la mujer, en medio de una escena verdaderamente Kafkaiana. Dentro del cuarto gritos, alaridos realmente. El exorcista, pensaba yo. Y fuera, una mujer serena diciendo que ahí no pasaba nada. Era para volverse loco.

Ay, Florecita, qué paquetito.

Silvia era una mujer muy pequeña. Avejentada. Con lentes. Enfundada en una camisa blanca y una larga falda azul marino. No parecía tener calor, aunque se vestía más como para la Ciudad de México, que para aquél caliente hospital en Cuernavaca. Hablaba pausada, en voz baja.

Nosotros no necesitamos ayuda, me había dicho. Pero nosotros sí, pensé sintiéndome ciudadano de aquél pasillo que se llenaba con lo aullidos del niño del cuarto 206.

No tenía ni la menor idea de qué hacer a continuación. Los gritos me estaban volviendo loco.

–Mire Doña Silvia, lo que yo hago es voluntario. Por supuesto si ustedes no quieren que yo venga a visitar a su hijo, pues no vengo, pero por lo que oigo, no se pierde nada con una visita ¿no? En una de esas, logramos algo juntos. ¿Qué le parece?, pregunté con no mucho entusiasmo.

–Pero, ¿qué no entienden ustedes que mi hijo se está muriendo?, dijo con dureza.

–Precisamente señora, le dije tan asertivo como pude. Y ¿usted quiere que sus últimas semanas se la pase así?, señalé hacia la puerta.

La mujer estaba a punto de darme una cachetada que yo probablemente merecía por insensato. La enfermera que se había acercado para ayudar a su compañera se había quedado helada en el pasillo contemplando la escena.

–Perdón Silvia, le dije. Creo que es mejor que me vaya.

–Será lo mejor, dijo.

Silencio incómodo. Qué manera de regarla, pensé mientras me dirigía hacia la escalera. Ambas mujeres entraron al cuarto. Yo podía oír los gritos todavía en la escalera. ¿Dónde estaba Flor?

Los chismes corren rápido en un hospital tan pequeño. Yo quería regresarme a México, pero, de acuerdo a las instrucciones de Clara, debía revisar las tareas de los prestadores de Servicio Social a la hora de la comida. Faltaba todavía una hora. Flor, la cobarde de Flor, no aparecía por ningún lado.

—¿Te sabes su celular?, le pregunté a Silvana, la jefa de enfermeras.

—Sí me lo sé, pero no te lo puedo dar, dijo muy en su papel.

—Bueno, pero ¿le puedes marcar tú?, pregunté algo molesto.

—¿Es una emergencia?, me preguntó altanera.

—Pues tanto así como emergencia emergencia, no. Pero me ayudarías mucho si le llamas y le dices que la estoy buscando.

Silvana simplemente me miró, giró, y se alejó. Pilar me observaba apenada, y con cara de "yo tampoco tengo el teléfono de Flor". Decidió alejarse también.

Por fin llegó la hora de irme. No quería saber nada más del hospital, ni de Flor, ni de Silvia, ni del tal Mauricio. No había sido un buen día para mí.

3

La carretera es siempre buena consejera.

Durante toda la maestría, mis profesores me lo habían repetido cientos, quizá miles de veces. La regla era simple. Si quieres acompañar bien a otro, hay que escuchar, escuchar y escuchar. Mi amiga Josefina, lo decía de manera muy graciosa: "Dios en su sabiduría nos había dado dos orejas y sólo una boca, para escuchar el doble... y hablar la mitad".

Mi encuentro con Silvia había durado sólo unos minutos, pero quien había hablado prácticamente todo el tiempo había sido yo. Aquello no funcionaría.

Sin duda Flor y Gabriel eran profesionales exitosos, expertos en lo suyo. Habían visto a cientos de personas con enfermedades graves y en procesos de muerte. Muchísimos más de los que yo había visto en mi cortísima experiencia. Por alguna razón sus métodos y técnicas no estaban funcionando con aquella familia.

Al llegar a "la Pera", esa curva que parece interminable sobre la carretera México-Cuernavaca, había ya decidido probar un acercamiento diferente. No tenía idea cuál, pero sabía que tenía que hacer las cosas de otro modo.

Empatía, Carlito, me dije todo el día el lunes, empatía. ¿Cómo estarías tu, si fueras Silvia?, ¿qué estarías sintiendo?, ¿qué estarías pensando? Empatía compadre. Siempre funciona. Funcionó. Lo sabría el siguiente sábado.

A Silvia, por lo que había escuchado, no le gustaba la gente. No le gusta hablar con la gente. ¿Qué pasa si le escribo una carta?, pensé. Pero una carta es demasiado. Una nota. Sólo una pequeña nota.

Sobre una tarjeta media carta que me habían mandado a hacer en la oficina, con mi nombre impreso en letra garigoleada y la cursi leyenda esa de: "Con un Atento Saludo", escribí la nota para Silvia:

Septiembre 5.

Estimada Silvia,

Te envío esta nota, primero, para reiterarte mis disculpas por lo que pasó el otro día, y para recomendarte este libro que aquí te mando. Lo escribió, Elisabeth Kübler-Ross, y creo que puede ser buena compañía para ti y para Alberto.

Espero que sea de utilidad.

Un saludo y mucha suerte. Que Dios los bendiga.

Firma.

Tenía ganas de escribir más en aquella tarjeta. Estuve a punto de romperla y empezar de nuevo, pero ¿qué sentido tenía dar más explicaciones?, aquello era suficiente. Esperemos a ver el resultado.

Tenía que hacerle llegar a Silvia aquél recado. Le llamé a Ricardo a su celular. Era un buen amigo que había trabajado conmigo durante años en mi empleo anterior. Estaba desempleado así que cualquier chambita, le caería bien.

–Chaparro, le dije cuando oí su voz en el teléfono.

–¿Ingeniero?, me dijo recociendo su infame apodo de inmediato.

–¿Cómo estás mi Richard?

–Bien, y usted.

Por más que yo trataba, no había logrado nunca que me hablara "de tu".

–Bien también, gracias. Oye, necesito un favor.

–Lo que usted diga, dijo generoso.

Unas horas más tarde, el recado ya iba ensobretado rumbo a su destino.

–Buscas a una monja que se llama Clara y le dices, de mi parte, que por favor se lo suba a la Señora Silvia, del cuarto 206, ¿ok?

–Muy bien, me dijo sin hacer más preguntas.

Cerca de las nueve de la noche, Ricardo me llamó para confirmar que mi nota y el libro, habían llegado a su destinataria.

El sábado siguiente, Clara me recibió como siempre en la base de enfermeras del primer piso. Me acerqué al mostrador esperando que levantara la caja con los expedientes. Me miró con extrañeza.

–Ya tienes a tu niño, ¿no?, dijo con su extraño acento y su más extraña forma de construir ideas en español. Me lo dijo Flor el jueves.

No pude más que reír abiertamente. Pinche Florecita, pensé. Me la va a pagar.

–Entregué tu nota, dijo misteriosa. Ya tienes respuesta.

Mi sorpresa era mayúscula mientras observé cómo la monja sacaba de su delantal una hoja de cuaderno doblada por la mitad.

"Gracias por el libro. Lo leeré con cuidado. Estoy dispuesta a hablar con usted, si todavía puede".

No estaba firmado. Qué importaba. Era mucho más de lo que yo esperaba.

–¿Qué dice?, me preguntó curiosa la monja canadiense.

Le mostré la nota.

–Bueno, y ¿qué esperas?, a trabajar, me ordenó.

Subí al segundo piso con algo de temor. En la base de las enfermeras estaba Rosita. Me vio y sonrió desafiante.

–No esperaba verte por aquí, tan pronto.

–Pues ya ves mi Rose. El hombre es el único animal que se tropieza dos veces con la misma piedra, respondí divertido. Préstame un papelito y una pluma.

"Estoy aquí afuera. Carlo", escribí.

–¿Se lo llevas?

–¿A la mamá o al niño?

–A la mamá, dije.

–Cobarde, me dijo tomando el papel en tono burlón.

–Bueno, pues por algún lado tenemos que empezar, me defendí.

–Está bien, me dijo mientras se alejaba con rumbo al tristemente célebre cuarto 206.

Pasaron unos minutos. No hubo alarido. Estará dormido, pensé.

Silvia salió pausada, quitándose los lentes y arreglándose un poco el pelo, mientras se acercaba al final del pasillo.

–Hola, le dije.

–Gracias por el libro, me respondió. Está bueno.

–Que bueno que te está gustando.

Tenía ganas de platicarle todo sobre la vida de la Kübler-Ross, sobre sus libros y acerca de la enorme experiencia que tuvo con personas moribundas, sus familias y sus médicos. Quería contarle que lo de su hijo no era un caso único, que había otros muchos niños y adultos, sobre todo adultos, que se enojaban terriblemente frente a la evidencia de la muerte cercana. Quería contarle muchas cosas pero por suerte, la sensatez y el silencio triunfaron sobre mis ganas de hablar.

Escuchar, escuchar, escuchar. No rompería la regla de oro esta vez. Si yo estaba ahí, era para convertirme en una gran oreja. Silvia tendría seguramente mucho que decir. De verdad quería acompañar a esa mujer que rodeada de silencio, se veía tan pequeña, tan frágil y tan sola.

La realidad es siempre mejor que la teoría. Caminé junto con Silvia hasta el jardín. Estábamos en mi territorio, en mi banca. Eso me ayudaría a serenarme. No tuve que dar una introducción. No tuve que decir ni hacer nada. En cuanto nos sentamos la mujer empezó a hablar. Y de qué forma.

4

–Mauricio no es malo Carlos, me dijo.

Yo quería interrumpir para decirle que mi nombre era sin "ese". Escucha, escucha, escucha.

–Hasta hace unos meses, era un niño dócil y bueno. La enfermedad y toda la situación familiar que lo rodea me lo han cambiado. Está cansado, le duele mucho la cabeza. Tener un tumor en el cerebro no es cosa fácil, mucho menos para un niño de once años, está desorientado, a veces no entiende lo que pasa a su alrededor. Por favor entiéndelo, me pidió, como si mi aceptación importara en algo.

—Oye, y ¿tú cómo estás, Silvia?, le pregunté interesado.

Ella no esperaba esa pregunta. Nadie, hacía casi un año y medio había hablado con ella de otra cosa más que de su hijo enfermo, y de su enorme tumor inoperable en el cerebro.

—Yo no importo por ahora, dijo, abnegada pero segura de lo que hablaba.

—Yo creo que sí. Si tu no estás bien, ¿quién se ocupará de tu hijo? Sígueme la corriente un poco. Supón que estás aquí para hablar de ti y no de Mauricio.

Silvia hizo una pausa larga. Pensaba en mi pregunta. Y tú, ¿cómo estás?

—Estoy sola. Muy triste. Frustrada. Aterrorizada. Esclava. Me siento culpable. No estoy bien.

¿Quién me mandaba a mi hacer esas preguntas? ¿Qué iba ahora a hacer con aquella respuesta tan concreta pero tan compleja?

—Elige uno, le pedí. Soledad, frustración, miedo, esclavitud, culpa, ¿cuál de esos está más vivo en este momento?

Para toda mi sorpresa la elección fue "esclavitud".

—Mi libertad se está muriendo junto con mi hijo, sentenció, aquella mujer culta e inteligente.

—Perdona que te lo diga así de directo Silvia, pero ¿no será que al irse tu hijo, recuperarás tu libertad?, ¿no se muere tu esclavitud con Mauricio?, pregunté esperando que aquello no hubiera sonado demasiado fuerte.

La mujer reaccionó bien, en calma.

—No conoces a mi marido, ¿verdad?, me preguntó pausada.

—No, le respondí.

—No soy esclava de la enfermedad de mi hijo, sino de la de mi marido.

–¿Tu esposo está también enfermo?, pregunté un tanto alarmado y conmovido por la mala suerte de aquella familia.

–Del alma, me respondió con voz profunda.

–¿Qué quieres decir?

–Alberto se murió por dentro cuando nos entregaron el diagnóstico de Mau. Hace un rato que leía el libro que me regalaste, me di cuenta de la profunda negación en la que cayó, y de la cuál a casi veinte meses de distancia, no ha podido salir.

Alberto era un hombre bueno, trabajador. Ahorraba. Era su pasión. Yo siempre le preguntaba "¿para qué quieres guardar el dinero, si no lo puedes usar nunca en nada?", "es para una emergencia", decía siempre. Luego de doce años, había logrado amasar una pequeña fortuna, fruto de su esfuerzo y de su disciplina para guardar el 25% de todo lo que recibía, sueldo, aguinaldo, prima de vacaciones; una cuarta parte iba siempre a su famoso fondo de inversión.

Cuando le detectaron el tumor a Mau, Alberto cayó en una depresión horrible. Yo tenía que estar fuerte por ambos. Mi casa parecía una extensión del hospital. Mi hijo que estaba por cumplir diez años tenía un tumor maligno, inoperable en el cerebro, y mi marido, estaba tan deprimido que en ocasiones tenía que alimentarlo como a un niño de meses.

Al salir de la depresión, mi marido era ya otro hombre. Lo habían despedido de la empresa en la que había trabajado casi doce años. Los miserables lo obligaron con engaños a firmar una renuncia. Su tristeza era tan profunda, que aquél hombre tan obsesivo para el dinero había firmado sin preguntas, confiando, dice él, en la buena voluntad de los patrones. No lo liquidaron. Simplemente le dieron una patada, después de doce años de entrega –los que llevamos de casados–. Yo estaba completamente concentrada en la salud de mi hijo. Alberto debía ocuparse del dinero. No lo hizo. Al perder su trabajo le cancelaron los seguros de gastos médicos. Un día, subió a vernos el Gerente del hospital. Su póliza ha sido cancelada, nos dijo sin más. Tendrán que tomar una decisión.

La decisión para mí era sencilla; para Alberto no. La pequeña fortuna amasada, iba a ser destinada a la salud de nuestro único hijo.

Alcanzó para los primeros cinco meses. No más. A partir de ahí, sería el Seguro Social. Me duele decirlo, pero la depresión de mi marido, al terminarse su ahorro fue quizá peor que la del diagnóstico del tumor en el cerebro de Mau.

Yo bendecía al Seguro Social, mi marido lo maldecía. Cada vez que entrábamos al enorme centro médico, Alberto recordaba su estúpido fondo de inversión. El hospital público lo ofendía. No podía ver que hacían ahí, todo lo posible por salvar la vida de su hijo.

Mauricio fue sintiendo cómo su padre se iba muriendo en vida, antes que él. Sentía como aquél hombre que hasta hace poco era cuidadoso y cariñoso con su hijo, se iba alejando poco a poco, sin decir nada. Sumiso ante la realidad. Esa actitud no duraría mucho tiempo más.

Un buen día, sencillamente se transformó. "La culpa es toda tuya", me dijo una mañana Alberto totalmente fuera de sí, "es tuya, hiciste un niño defectuoso".

Hasta ese día, después de quince años y medio de conocernos, Alberto nunca se había dirigido a mí de esa manera. No lo he podido detener hasta ahora. Hace semanas que no lo vemos. Ni siquiera se dónde está. A veces, regresa y viene a Cuernavaca sólo para insultarme. La última vez que estuvo aquí, ni siquiera saludó a su hijo. Mauricio lo extraña enormemente. Yo, ya no".

Silencio.

–¿Ahora me entiendes mejor?, preguntó.

Yo estaba mudo. Nunca había imaginado una situación así.

–Mucho mejor, le dije en el tono más cariñoso que pude.

5

Tenía que encontrar a Flor. Esta vez no tenía ninguna intención de reclamarle por haberme entregado el paquetito aquél. Todo lo contrario. También necesitaría de su ayuda. Al bajar las escaleras hacia el primer piso, me di cuenta de una cosa: el caso de Mauricio era técnicamente mucho más sencillo de lo que yo había pensado. Muchísimo más dramático y doloroso, pero técnicamente más fácil de abordar.

Me parecía raro que Flor no hubiera descubierto aquello. Había estudiado Psicodinámica. El entorno del "paciente", su familia, era fundamental para que ella pudiera hacer un "diagnóstico" preciso. Pronto descubriría por qué.

La encontré hablando con el Padre Julián. Me acerqué por detrás y le dije "me debes un café, esta vez tú pagas, te espero en la cafetería". Asintió con la cabeza sin detener su conversación con el cura.

Unos minutos después, me alcanzó en el café.

–Mente superior, domina mente inferior, me dijo prepotente pero graciosa.

–¿De verdad crees que me ganaste verdad?

–Claro, dijo orgullosa.

Le conté lo que había pasado. Su cara se fue transformando. Con ojos de sorpresa y de derrota dijo:

—Me aventó la sopa hirviendo.

—Viene con la chamba, le dije. No es buena excusa. Lo abandonaste y me lo entregaste por que sabes que lo mío si funciona, le dije en el tono más burlón que pude.

—Dos veces, me respondió ofendida.

La voluntad de ayuda tiene un límite. A veces se rompe. Dos platos de sopa calientes sobre la cabeza, deben ser suficientes como para quebrantar el espíritu de acompañamiento más firme.

—Así que me mandaste a mí para que me quemara con la sopa ¿o qué?, le pregunté haciéndome el ofendido.

Sonrió con cara de inocente.

—Tenemos que cambiar de táctica, le dije.

—¿Qué propones?

—¿Qué te parece si yo me ocupo del niño y tu de la mamá, hasta que poco a poco podamos hacer sesiones conjuntas?

—¿Sesiones conjuntas?, veo que ya estás aprendiendo, me respondió.

—Lo aprendí de Clara, dije sonriendo.

—Bueno. ¿Qué te parece si hacemos un plan de trabajo que luego podamos...?

La interrumpí.

—Flower. Por qué no, mejor, tú te haces tu plan de trabajo y yo me aviento un poco más lírico. Lo único importante, me parece, es que yo pueda calmar a Mauricio al grado de que podamos hablar los cuatro, y tú te *terapeas* a Silvia, para que se sienta menos culpable y asustada. ¿Cómo ves?

–Odio decir esto, confesó, pero... tú mandas. Es tu paciente.

–Mi cliente, dije a propósito sabiendo que Flor odiaba aquél término. Confieso que yo también.

Me levanté. Flor me detuvo.

–Al menos, vamos a ponernos una "fecha-objetivo" ¿no?

No lo puede evitar, pensé. La verdad es que también a mi me serviría establecer una fecha. Con un tumor de esos, no hay mucho tiempo.

–¿Dos semanas?

–Órale, me dijo entusiasmada. Dos semanas. El 24, hacemos nuestra "sesión conjunta", dijo burlándose de mi término, y retadora pensando que yo no lograría calmar al niño del 206 en sólo un par de sábados.

Al cruzar la puerta que lleva al estacionamiento, me di cuenta que yo tampoco estaba seguro de poder lograr una "sesión de cuatro", entre ese día y el 24. Necesitaba un cigarro. Me ayudaría a concentrarme, pensé.

Jung decía no existen las casualidades, sino las sincronicidades[8], y que éstas, siempre tienen algo que mostrarle a nuestra conciencia. A mí, aquella palabra me gustaba mucho. Sonaba bien.

Eso es justamente lo que me ocurrió al llegar a mi coche. Una sincronicidad. La pobre camioneta parecía un casillero. Portafolio, maletas, papeles y documentos por todos lados. Yo sabía que por ahí, en algún lado había una cajetilla de cigarros. La busqué, pero lo que encontré, primero, fue un viejo libro de Tony de Mello. Lo hice a un lado para descubrir, ahí debajo, la ansiada cajetilla. La tomé y me dispuse a fumar. Me detuve. Vi el libro. Recordé una

---

8. Cfr. Jung, C.G. (1952,2004). *La dinámica de lo inconsciente*. Madrid: Trotta

frase sabia de aquél jesuita que lograba conjuntar la extraordinaria espiritualidad ignaciana con la sabiduría milenaria de la India.

Lo contrario del amor no es el odio, decía Tony de Mello. Es el miedo. Todo lo malo de la persona human, surge de su miedo[9].

Mauricio no estaba enojado. Estaba asustado. Lo que había que hacer era, facilitarle el camino para descubrir que estaba bien tener miedo. Una vez logrado eso, podíamos trabajar con sus reacciones agresivas y sus gritos interminables. Sincronicidad. Por una vez, no me arrepentía de fumarme un cigarrito.

6

–Te volviste loco, Carlito, me dijo Flor entre enojada y sorprendida.

–Me parece arriesgado, pero divertido, puede funcionar, confesó Clara. Silvia tendrá que autorizarlo.

Le apostaría a la intuición de Clara. Ya vería yo qué hacer luego con las preocupaciones de Flor. Era sábado 17. Se me acababa el tiempo. Confieso que había diseñado aquél plan un poco loco en la carretera rumbo al hospital. No había tenido tiempo durante la semana. Tenía que funcionar, al menos, para abrir un canal de comunicación con el pequeño, asustadísimo, del cuarto 206.

Salí al estacionamiento para buscar mi coche confiado de que Silvia me dejaría intentar aquello. En realidad, sólo había pasado al hospital para comunicarles a Flor y a Clara lo que había decidido hacer. Necesitaba algo de retro alimentación. Lo del muñeco que representaba el dolor del niño era una cosa, pero esto... No estaba seguro de lo que estaba haciendo.

---

[9]. Cfr. de Mello, A. (1986). *Autoliberación interior*. Buenos Aires: Editorial Lumen.

Tomé la carretera que va hacia Acapulco. Sabía que cerca de Sumiya, había una enorme zona comercial. Necesitaba hacer algunas compras.

Regresé al cabo de una hora y media. Clara estaba saliendo, me vio entrar con las bolsas del súper, y sonrió.

–Mon Dieu, exclamó en su lengua materna. Que Dios te acompañe, añadió cariñosa.

Subí, sin pensarlo demasiado al segundo piso. Me acerqué a la base de enfermeras y le pedí a Pilar, la novicia, que me ayudara llamando a Silvia para que saliera un momento. Antes de entrar, me contó que Mauricio había nuevamente hecho de las suyas.

–Atacó a Gabriel, dijo seguramente exagerando. Le aventó el control remoto de la tele. Le abrió la ceja. Además de fuerza, el chamaco tiene tino, dijo francamente divertida.

Aquello no me hacía a mí nada de gracia. Sería el siguiente.

Sabía ya mucho del pequeño Mauricio y todavía no lo había visto ni una sola vez. Traté de no imaginarlo físicamente, no serviría de nada. Sólo importaba saber que era un niño pequeño, de tan sólo once años, que estaba a punto de morir y que había vivido muy asustado los últimos meses.

Silvia salió de inmediato. Me alegró notar que mi presencia en el pasillo le gustaba. Unos días después de la muerte de Mauricio, me confesaría que le hacía mucha gracia que yo le mandara esas pequeñas notas avisándole que estaba ahí afuera.

Le pedí que me acompañara a la salita de espera. Tenía que mostrarle algo.

Cuando vacié el contenido de las bolsas, Silvia se quedó en silencio. Estaba muy sorprendida. ¿Para que iba a servir aquello?

Pilar, que no tenía otra cosa que hacer, estaba también pendiente de los extraños accesorios que había comprado, y reía sin saber exactamente por qué.

Antes de dar explicaciones, me "disfracé". Silvia reía por primera vez desde que yo la había conocido a penas unos días antes. No era necesario añadir nada. Mi disfraz delataba de inmediato mi plan.

–No perdemos nada, me dijo de inmediato la madre del niño moribundo.

Su reacción me dio la confianza que yo necesitaba para llevar adelante mi loco plan.

–Voy a ser muy cuidadoso, no te preocupes. Solamente te pido que estés pendiente fuera del cuarto y que no entres si yo no te llamo.

–Muy bien me dijo. Recuerda que mi niño es bueno.

Caminé lentamente hacia la habitación del niño. Podía oír con claridad mi propia respiración. El disfraz era sumamente incómodo, pero su intención era abrir un canal de comunicación mediante el humor, que no había estado presente en ese cuarto desde hacía ya demasiado tiempo. Es una buena manera de interpretar la intención paradójica de Frankl[10], pensaba yo, tratando de justificar mi locura.

Toqué en el fatídico 206. No hubo respuesta. Abrí la puerta apenas unos centímetros.

–¿Qué tal Mauricio?, pregunté sin dejarme ver todavía. ¿Puedo pasar?

---

10. Cfr.– Frankl, V. (1988). *La Voluntad de Sentido*. Barcelona: Edit. Herder.

—¡No!, gritó desde adentro.

—Soy amigo de tu mamá. No seas así, déjame entrar un rato. Tengo algo que decirte.

El alarido fue impresionante. El niño tenía pulmones de ambulancia.

Entré. Se calló de inmediato. ¿Sería eso bueno?

Mauricio era un niño muy blanco. La enfermedad había ya hecho de las suyas, el pequeño estaba casi en los huesos. No tenía pelo, ni cejas. Pecoso. Su pijama me daría luego una extraordinaria posibilidad para relacionarme con él. Era amarillo y azul y tenía decenas de logotipos del equipo de fútbol América, mi equipo.

—Hola, le dije. Me llamo Carlo.

Pausa. Silencio absoluto. Seguía en shock.

—A mí sí, aviéntame lo que quieras. Mira, hasta te traje algo con qué pegarme.

Mauricio arrugó la cara. Me recordó a Paco-San. Quería reírse, pero su orgullo no se lo permitiría.

—Dámelo, me ordenó con un fuerte grito.

Le entregué el "chipote chillón", un martillo de plástico que usaba el legendario Chapulín Colorado. Tenía en el extremo una especie de silbato. Cuando uno golpeaba algo con aquél martillo, este emitía un sonido absurdo, pero gracioso. Lo tomó con la mano derecha, me acerqué y en actitud de mártir puse la cabeza. Me golpeó con todas sus fuerzas. Aquello estaba funcionando. Cómo me hubiera gustado que Flor estuviera ahí para ver mi triunfo, parcial, pero triunfo al fin.

El golpe resonó en todo el cuarto.

–Ja, le dije burlón. No me hiciste nada.

Un segundo golpe. Más fuerte todavía, pero acompañado de una pequeña risa.

–*Nimais*, le dije. No me haces nada.

Tercer golpe. Esta vez de lado.

–Nada compadre.

Risa franca.

–Si me lo quito, ¿me prometes que no me pegas?, pregunté sabiendo que me respondería con una mentira.

–Sí, dijo entre enojado y divertido.

–Sí ¿qué?, le pregunté demandante.

–Sí te lo prometo, dijo.

Me lo quité. Me miró fijamente al tiempo que hacía pequeños los ojos, amenazante... simpático.

Cuarto golpe. Directo a la cabeza.

Me lo volví a poner.

–No, yo así no juego, le dije. Me prometiste que no me ibas a pegar otra vez.

–No, dijo el niño que no era nada tarugo, yo sólo dije te lo prometo, pero no te dije qué.

Aquello empezaba mucho mejor de lo que yo esperaba. Cuatro golpes fuertes lo habían agotado. El cáncer cansa, los golpes también, el miedo más. Se tranquilizó. Tuve mi primera conversación con el pequeño monstruo del 206, estaba muy asustado y cansado de estar tan enojado. Otra sincronicidad, pensé. Gracias a Dios. Clara me había echado una mano con su bendición.

7

Casi treinta minutos después, entró Silvia. Observó con mucha alegría aquella escena. Mauricio, sobre la cama, traía puesto todo el disfraz. Casco de fútbol americano y hombreras. Una capa de súper-héroe que en realidad era un metro y medio de una tela roja baratísima y brillante, y el inigualable chipote chillón. Yo estaba sentado en una silla a un lado de su cama, ya sin ninguna protección.

Habíamos hablado del América, de las medicinas, del "chipote chillón", del suero, del estadio Azteca, de que yo le conseguiría un nuevo control remoto, "por que el que tenía se había perdido", pero sobre todo del América. Bendita excusa. Benditos Cuauhtémoc Blanco y Paco Memo Ochoa. Benditas Águilas del América.

Le prometí que en la tarde le llevaría un balón. Me levanté. Me despedí y le dejé el disfraz puesto al niño. Era importante que me fuera, había que dosificar la visita. Silvia me acompañó al pasillo. Se quedó unos segundos en silencio. Me abrazó. Lloró. Mucho. A mi me dio "ojo Remi" (así le decíamos al momento ese en el que las lágrimas no te salen realmente pero estás a punto de llorar, como Remi, el de las caricaturas).

Silvia volvió a entrar al cuarto. Yo me dirigí a la cafetería, o eso pensaba. Pilar me encontró a medio camino y me preguntó que cómo me había ido. Yo no pude más. La abracé y lloré muchísimo. Todo aquello me había causado mucha tensión. Eran lágrimas de las buenas. Me había ido bien. "Mi niño es bueno", me había dicho su madre. Era cierto. Era bueno. Era muy bueno y sólo estaba asustado.

Tenía que salir del hospital. Estaba un poco sofocado. Tomé la camioneta. Iría a comer a algún lado fuera de ahí, compraría el balón, y regresaría. No había tiempo que perder.

Recordé que de chicos, mis papás nos llevaban a mis hermanas y a mi, los domingos, antes de regresar a la Cd. de México a un restaurante yucateco en Cuernavaca. Pan de cazón. Cochinita pibil. Yo no tenía mucha idea de dónde estaba, pero intentaría buscarlo. Como era evidente, no lo encontré. Probablemente hacía veinte años o más que yo no iba a ese lugar. Seguramente ya ni existía.

Comí en Vips. No comería pan de cazón. Ni modo. Tercera sincronicidad: a una cuadra de Vips, exactamente frente al lugar donde había dejado mi coche, había una pequeña tienda de deportes. Lo primero que vi fue un balón amarillo... del América. No podía tener mejor suerte. Lo compré. Ochenta pesos. Con tan poco, yo tendría una excusa perfecta para comunicarme con aquél niño asustado, blanco, flaco y pecoso... armado con un chipote chillón. Qué bueno que aquél disfraz había funcionado. Si no funcionaba para hablar con el, al menos me ahorraría unos golpes innecesarios, había pensado yo en la carretera.

Regresé como a las tres cuarenta y cinco. No había casi nadie en la planta baja. Subí al segundo piso. Ninguna enfermera estaba en la estación. Me acerqué al cuarto. Toqué dos veces. No hubo alarido. Silvia me abrió. Mauricio estaba dormido.

–Regreso al rato.

–Por favor entra un segundo, quiero que lo veas.

Entré.

–Se va a torcer, le dije divertido al ver al niño profundamente dormido con el enorme casco todavía puesto.

–No le pasa nada, me respondió la mamá bien consciente de lo mucho que era capaz de soportar su hijo.

–Que chistoso, dije en voz baja.

–Vuelve en media hora, me sugirió. Yo te lo despierto al ratito.

–Como tú digas. Gracias. Nos vemos en un ratito.

Salí del cuarto para encontrarme de frente con Flor. Bien.

–Ya me contaron misionero, me dijo en su actitud de experta.

–¿Cómo ves?, el terapeuta patito tiene a veces buenos resultados.

–Perdí cien pesos, confesó.

–¿Apostaste?, pregunté indignado. ¿Con quién?

–Clara.

–No te creo.

–Las monjas tienen cien pesos más en sus arcas, me dijo divertida.

Me alegró que Clara hubiera apostado a mi favor.

–¿Cómo vas tú con Silvia?, le pregunté sabiendo que la profesional psicóloga no me daría ningún detalle.

–Muy bien. Es una mujer brillante. La ha pasado muy mal.

–Yo creo que podremos tener muchas cosas con qué trabajar el sábado ¿no?

–Sí. ¿Qué te parece si desayunamos aquí y nos ponemos de acuerdo?

–¿Qué?, ¿ya te vas?, ¿tan temprano?, pregunté reclamando en broma.

–Tengo una boda en México. Me tengo que arreglar.

–Échate una cubita a mi salud.

–Así lo haré.

Se despidió.

Bajé un rato para despejarme. Me encontré a Gabriel. Apenas me saludó. Tenía la ceja hinchada. No estaba de muy buen humor.

–Luego me prestas tu casco, me dijo

Qué chismosos son aquí, pensé.

Subí nuevamente al cuarto de Mau. Desde la escalera, pude oír claramente el alarido del niño. Otra vez. Esto es un proceso, pensé. Ni modo. A entrarle.

Me acerqué a la puerta. Aquello parecía un campo de batalla. Rosita trataba con poco éxito de sostener a Mauricio de los brazos, mientras Adriana, una estudiante de medicina que estaba haciendo su servicio social, intentaba inyectarlo con poco éxito. Silvia, le sostenía las piernas y trataba de calmarlo. El niño gritaba, lloraba y se retorcía, era increíble que con lo fatigado que estaba por su enfermedad, tuviera todavía tanta energía.

Entré. Me vio. Siguió gritando.

–Pareces chiva mi Mau. Chiva del Guadalajara, fue lo único que se me ocurrió.

El orgullo de un americanista de once años, es capaz de todo. Se dejo de retorcer de inmediato, y mirándome con mucho enojo gritó.

–Chiva tu "agüela".

Adriana aprovechó para inyectar al niño. Mauricio ni lo notó. Me acerqué a la cama.

–¿Tu crees que así nos portamos los americanistas?, dije enojado.

–Sí, cuando nos quieren inyectar y *yo no quiero*.

–Y, ¿tu crees que a Cuauhtémoc o a Ochoa no los inyectan cuando se lastiman jugando?

Se quedó en silenció y me miró intrigado.

–¿Sí?

–Pues claro. Con los patadones que les dan los de Chivas, luego los tienen que inyectar. ¿A poco tu crees que hacen estos "panchos"?

–¿No?

–Pues claro que no, se quedan quietecitos y se aguantan como buenos americanistas que son. Solo los de Chivas gritan y pegan. Además los del América respetamos a las mujeres.

–¿A todas?

Estuve a punto de reír, pero aquello era cosa seria.

–Claro que a todas, nomás faltaba.

Con el ingenio digno de un niño de esa edad, me preguntó.

–¿Entonces a los doctores sí les puedo pegar pero a las enfermeras no?

–Ni a los doctores, ni a las enfermeras.

Hice una pausa.

–Bueno a los doctores sólo si traen casco y solo con el chipote chillón.

–Exacto, exclamó Rosita a quien le había parecido útil eso de darle un par de golpes –aunque solo fuera con el "chipote chillón"– a algunos médicos que normalmente, les hacían ver su suerte a las enfermeras.

Adriana no entendía bien qué pasaba ahí. Silvia estaba perpleja. Rosita parecía divertida. Mauricio tranquilo.

Rosita y Adriana salieron sin despedirse. Silvia se sentó en la cama, yo en la silla.

–¿Quieres que platiquemos para que tu mamá se pueda ir a tomar un cafecito?, le pregunté al niño.

–Sí, dijo para nuestra sorpresa, pero del América.

–Bueno.

Silvia no lo pensó dos veces. Tomó su bolsa, le dio un beso cariñoso a su hijo y salió de ahí. Un poco de paz no le haría daño a nadie.

El fútbol era buen tema. Muchas analogías. Podía probar ese camino.

–El América está jugando bien, ¿ya viste? Estamos a punto de pasar a la liguilla.

–Le ganamos al Cruz Azul.

–¿Qué malos son, verdad?

–Malísimos.

–Oye, y ¿tu balón?

–Mi mamá me lo escondió.

–Te lo escondió o te lo castigó.

–Bueno, es lo mismo.

–No Mau. Es que te portas rete mal ¿no?

–Es que no me gusta estar enfermo.

Silencio. Pausa.

–Pues a nadie le gusta estar enfermo, pero pues es un poco como en el "fut", a veces ganas y a veces pierdes. Yo te apuesto que a ningún jugador de los nuestros les gusta perder, y ya ves, el otro día perdimos con los Tecos, que son malísimos, pero perdimos, y yo estoy seguro que los jugadores en lugar de apachurrarse o enojarse, se dieron cuenta que había que entrenar más duro, para ganar el siguiente juego. ¿Tú cómo ves?

–Puede ser, respondió cauteloso.

–¿Tú juegas fut?

–Ahora ya no puedo, porque me canso mucho.

–Ah, pero a poco no puedes jugar dentro de tu cabeza.

–¿Cómo?

–Mira, vamos a probar. Cierra los ojos un minuto.

Obediente los cerró.

–Imagínate que estás en el Azteca, un lleno total. Sales al campo y todo mundo se alegra muchísimo de verte. Todos gritan, Mau, Mau.

Abrió los ojos con una franca sonrisa.

–Eh, eh, sin trampas, a cerrar los ojos... chiva.

Nueva risa. Mi descripción del partido dejó de ser necesaria. Con los ojos bien cerrados, Mau, empezó a describir todo lo que veía. Hubiera podido ser un buen cronista de fútbol. Jugaba contra Pumas. El marcador era dos, dos. Último minuto. Mauricio se acerca con el balón a la portería contraria y... falla. Los pumas recuperan el balón, un pase largo largo que le cae a un *"brasiliano"* y... gol. Se termina el partido. Los pumas nos ganan 3 a 2.

Se mantuvo un rato con los ojos cerrados hasta que empezó a llorar. Despacio.

–Yo no quería perder, pero nos metieron gol en el último minuto.

Aquello había sido extraordinario. Cómo me hubiera gustado en ese momento que Flor hubiera estado ahí, para ayudarme a trabajar con ese relato maravilloso. Era una oportunidad que no podía dejar ir.

–¿Y qué se siente haber perdido este juego?, mi Mau.

–Muy feo.

–¿Como cuando te inyectan?

–Sí. Y como cuando viene el Dr. Gabriel.

–Y, ¿por qué?

–Por que no me da buenas noticias nunca y me dice que sigo muy enfermo del tumor.

–Y cuando te dice que sigues enfermo, ¿se siente igual que cuando te meten gol?

–Sí. Pero en el fut, puedo jugar otro partido y ganar, y con el tumor no.

Silencio. Pausa. Niño sabio.

–Y ¿eso te asusta mucho?

–Sí.

–¿Qué haces cuando estás muy asustado?

–Aviento todo. Me enojo. Grito.

–Yo te quiero proponer una cosa, ¿va?

–Sí.

–Te voy a pedir un favor, pero necesito que no se te olvide ¿ok? Cuando te asustes mucho, en lugar de aventar las cosas, gritar y pelear, te vas a poner el casco y le vas a decir a quien sea que te haya causado el susto, eso, que estás muy asustado. Así la gente no se va a confundir, por que mira, cuando tu gritas y avientas cosas, como Chiva, (sonrió entre sollozos), pues la gente no sabe que estás asustado. Creen que estás enojado y por eso es que se enojan contigo.

Mau me miró. Profundo. Había entendido. Extendió el pequeño brazo. Tomó el casco y se lo puso.

–Estoy asustado Carlo.

Me hizo llorar de inmediato. Le di un abrazo fuerte.

–Yo sé que estás asustado *mijo*. Todos aquí están preocupados por ti y quieren que estés un poco mejor, tu mami sobretodo. Tenemos que portarnos bien con todos ellos. Somos del América.

Los dos nos fuimos calmando poco a poco. No hablamos durante unos minutos. Mauricio se quitó el casco.

–Ya se me pasó el susto, dijo agradecido.

–Qué bueno mi Mau.

El sueño lo vencía.

–Tenemos un trato ¿eh?, le dije antes de que cayera fulminado por la fatiga que le provocaba aquél maldito tumor.

Mauricio moriría tan solo una semana después. Poco tiempo. Muy poco.

8

Silvia regresó al poco rato. Mauricio estaba completamente dormido. Yo seguía llorando un poco. Es de familia, le dije, tratando de escudarme detrás de algo. Ella agradeció cada una de esas lágrimas. Le conté lo que había sucedido. También lloró... si en este trabajo nos pagaran un peso por lágrima... Necesitaba que Flor me orientara. Se había ido a la boda, recordé. La buscaré el próximo sábado.

No la volví a ver hasta el sábado siguiente a medio día. Sería ya demasiado tarde. Regresé a México satisfecho. La locura había funcionado. En realidad, había sido Mau, que estaba ya muy cansado. Sin duda el también necesitaba un respiro. Mi disfraz le proporcionó la excusa perfecta.

Es cierto lo que dice Tony de Mello. El miedo es lo contrario del amor, y sin embargo, el miedo humaniza. Cuando somos capaces de ver nuestro propio miedo, como si fuéramos un espectador de nuestra vida, es fácil redimirnos, perdonarnos, reconciliarnos con nosotros mismos. Ese era un buen camino para Mau.

El sábado siguiente salí temprano de mi casa. Llegué al hospital a eso de las nueve y quince. Fui directo a la cafetería. Ahí estaba Silvia. Se veía cansada.

–Hola, me dijo con poco ánimo.

–Hola Silvia. ¿Cómo va Mau?

–Muy mal Carlo. La última semana ha sido de mucho malestar. Sin embargo ha estado tranquilo, como hace mucho tiempo no estaba.

–¿Qué te dice Gabriel?

–Ya ves cómo es. Con cara de esperanza, me dice que no hay mucho que hacer. ¿A qué debo creerle, a su voz, o a su cara?

–Por desgracia Silvia, debes creerle a su voz, y en la medida de lo posible, agradecer su cara.

–Creo que tienes razón.

Hizo una pequeña pausa, quería darme buenas noticias. Madre generosa.

–No sabes lo bonito que ha sido eso del casco. Lo usa a cada rato. El otro día lo hizo con Rosita. Es la primera vez que la veo llorar. Le dio un abrazo tan fuerte a mi niño, que pensé que me lo iba a asfixiar, confesó con una media sonrisa que mostraba con claridad su cansancio físico y mental.

De pronto, se quedó muda y fijó la mirada a la puerta de la cafetería. Era Alberto. Cuarta sincronicidad. Se levantó. Se acercó a su marido... y se rompió. Salió casi corriendo de ahí envuelta en el más profundo llanto. Me levanté y salí detrás de ella.

–Por favor siéntate Alberto. Voy por ella. Le dije sin saber bien por qué.

Salí a buscarla. La encontré recargada en el mostrador de la base de enfermeras donde –quinta sincronicidad– estaba Clara. Supe que estaba en buenas manos. Me acerqué al tiempo que la cariñosa monja abrazaba a la mujer. Me cerró un ojo y sólo moviendo la boca, le dije:

–Llegó su esposo.

Clara asintió con la cabeza haciéndome saber que entendía lo que aquello significaba.

Regresé a la cafetería. Ahí, sentado, estaba Alberto. Confieso que mi primera reacción no fue buena. Quería reclamar, en nombre de Mauricio. Pero de pronto, al verlo ahí sentado, lo imaginé con casco. Estoy asustado. Me serené.

–Qué tal. ¿Alberto verdad?

–Sí. Soy el papá...

–De Mauricio, si ya lo sé.

–¿Es usted médico?, ¿cómo está mi hijo?

–No. Soy tanatólogo. Estoy acompañando a su familia. Creo que la información sobre su hijo la deberá pedir al médico, o a Silvia.

–No creo que ella me quiera ver.

No me dio tiempo de responder. Clara y Silvia entraron al café. La monja me hizo señas para que saliera. Los dejé solos.

–Subo a ver a Mauricio Silvia ¿está bien?

–Por favor. Te lo voy a agradecer.

–Con permiso.

Subí junto con Clara. No hablamos en el camino. Entramos al cuarto. Ahí estaba Soledad, la hermana de Silvia. Yo había oído hablar de ella pero no la conocía.

–Hola Madre, dijo dirigiéndose a Clara.

–Hola Soledad. ¿Cómo estás?

–Bien. Contenta por ver más calmado a mi niño Mau.

–Le presento a Carlo.

—Ya me platicó Silvia algunas cosas de usted.

—¿Qué tal?

Me acerqué a la cama de Mauricio. Como me había dicho su madre, el tumor había golpeado severamente la salud general del niño. Estaba mucho más delgado, si es que eso era posible, y tenía la mirada triste y perdida. Cuando la muerte se acerca, a veces, hace que los ojos de las personas reflejen claramente que está a punto de llegar. Pasé unos minutos observándolo. Esperando a que despertara.

—Hola colega americanista. ¿Cómo estás?

—Bien.

A penas, podía responder. Respiraba con dificultad.

—Hoy ya no tengo miedo, añadió.

—Qué bueno, dijo Clara de inmediato. No hay por qué temer. Todo estará bien muy pronto.

Aquella frase de la religiosa retumbó en mi cabeza. Me di cuenta que extrañaría a Mauricio aún cuando apenas lo había visto un par de veces. Nuestros encuentros no habían sido una cuestión de tiempo, sino de intensidad, como bien lo dice la Kübler-Ross. Habíamos aprendido buenas cosas los dos.

La cara del niño se iluminó de repente, al ver que Silvia y Alberto, entraban juntos a la habitación. Silvia se veía mucho más tranquila. Se acercaron ambos a la cama y los demás nos alejamos un poco. En unos minutos más, para sorpresa de todos, Mauricio moriría, tomado de la mano de su mamá y de su papá.

Antes de morir, aquél niño sensato volvió a confirmar mi vocación. Como lo había hecho otras veces, extendió el brazo para tomar el casco. Esta vez no se lo pondría el.

—Póntelo papi. Con este casco se espanta al miedo. Póntelo.

El amor, que es contrario al miedo estaba a punto de triunfar en esa habitación pequeña del segundo piso, donde no había otros niños.

Alberto no entendió bien la solicitud de Mauricio. Giró para hacer contacto visual con su esposa, quien, brillante como es, simplemente le dijo:

—Tu hijo sabe —aprendió ya— que tu ausencia no significa que estás enojado con él, o conmigo, sino que tienes miedo de perderlo, de perdernos. Ponte el casco. Te protegerá contra el miedo.

Alberto se colocó el casco sobre la cabeza. Lloró. Tomó la mano de su hijo.

—Te quiero mucho Mau. Perdóname.

Mauricio, generoso, extendió como pudo los brazos para recibir un abrazo de su papá. Silvia los acompañó. Fue un momento breve pero poderoso. Era el amor que triunfaba. Eran las diez y media de la mañana.

Mauricio había muerto. Su papá lo despidió con un casco sobre la cabeza.

Era sábado.

5

Juanito
La generosidad

1

Regresé a mi casa, cansado pero muy contento. Las clases habían terminado. Tres años y medio de maestría, especialidad en Desarrollo Humano Transpersonal, y casi un año de tanatología. Estaba listo para probarme en el mundo real. O eso creía. Estaba equivocado. No importa cuánta teoría se estudie, cuán bueno seas en el aula o qué tan bien te sientas en las "prácticas" supervisadas. La realidad, el dolor de la realidad de acompañar a un niño moribundo, supera cualquier expectativa. No es posible aprender en la Universidad cuánto te va a doler, ni cuánto vas a ganar por el sólo contacto con un moribundo y su familia. No te enseñan cuánto vas a cambiar.

Yo no sabía que aquél hospital existía. Mi primera intención fue acercarme a alguno de mis profesores para que me recomendaran en alguna institución de salud en la que pudiera desarrollar, por primera vez, mi trabajo como tanatólogo.

Pemex tiene un amplio y eficiente sistema hospitalario. Un día antes de la reunión que había pactado con mi maestro Pepe Gómez del Campo para pedirle que me recomendara en algún hospital, fui invitado por el Sub Director de Servicios Médicos a una junta en la que simbólicamente arrancaríamos una campaña para promover entre el personal de la empresa –más de ciento diez mil personas– la donación voluntaria de órganos.

Yo no conocía prácticamente a nadie en esa reunión. Casi todos eran funcionarios del Sector Salud, del gobierno Federal.

–Yo te conozco de algo, me dijo uno de los médicos llamado Gabriel.

–Perdón, pero no me acuerdo. Me da pena, pero soy malísimo con las caras. ¿Cómo te llamas?

–Gabriel.

–¿De dónde será?

–Cuernavaca. ¿No te he visto en el hospicio de las monjitas canadienses?

–No. Me debes estar confundiendo.

–¿Seguro?

–Segurísimo. De repente voy a Cuernavaca pero no conozco ningún hospital.

–Bueno en realidad este es un hospicio para enfermos terminales, aunque claro, también cuenta con muchos servicios hospitalarios...

Siguió hablando, yo había dejado de escuchar. Enfermos terminales.

–Oye, y ¿qué tal es? Te lo pregunto por que acabo de terminar las prácticas en tanatología y me gustaría muchísimo empezar a trabajar como voluntario, algunos fines de semana.

–No me digas. Permíteme un segundo.

Sin decirme más, Gabriel, sacó de la bolsa interna de su saco un teléfono celular. Unos días más tarde yo sabría que había llamado a la Hermana Clara, encargada de aquél hospicio-hospital.

¿Qué estaba haciendo aquél médico que creía haberme visto alguna vez?

Me interrumpió mi secretaria. Estaban listos para empezar. Gabriel me hizo una seña con la mano para decirme que hablaríamos después. Al poco rato colgó el celular y tomó su lugar en aquella mesa de juntas interminable de la Dirección Corporativa de Administración. Iniciamos la reunión.

La formalidad de las reuniones de gobierno, cuya utilidad sólo se puede apreciar en su verdadera magnitud estando dentro, provoca que éstas, se extiendan más de lo necesario. Todos tienen algo que decir, y por la importancia de guardar las formas, los oradores se toman hasta cinco minutos en saludar, agradecer y reconocer. Un par de horas después había concluido la junta que resultó de lo más interesante y efectiva. Todos los presentes firmamos nuestras tarjetas de "Donador voluntario de órganos y tejidos".

Yo no había olvidado la oferta de volver a hablar con Gabriel. Me acerqué al lugar en el que estaba despidiéndose de algún otro médico. Me miró.

—Te tengo buenas noticias. ¿Carlos, verdad?

—Carlo. Sin "ese". Pero no te preocupes, es igual. ¿Qué noticias?

Nuevamente sin responder, sacó de su saco una tarjeta de presentación y una pluma. Giró la tarjeta y apuntó algo.

—Ve a ver a esta monja el sábado. Ojalá puedas por que ya te está esperando.

Me entregó la tarjeta. Hermana Clara. Un teléfono. Una dirección.

—¿De plano?

—Si tu quieres.

—Claro, pero pues bueno, yo apenas estoy empezando, no será que...

Me interrumpió.

—Ve a verla. Estoy seguro que te vas a querer quedar.

—No sabes cómo te lo agradezco. De verdad.

—Ni lo digas. Te veo el sábado por allá.

—Ah, ¿qué tu trabajas ahí?

—Igual. Voluntario. Es un proyecto sensacional. Hasta donde sé, único. Te va a gustar.

—Gracias Gabriel.

Después de diez u once efusivos saludos, logré salir de la gigantesca sala de juntas en el piso doce del edificio "A" de aquél complejo enorme de edificios.

No podía dejar de mirar aquella nota escrita en una tarjeta de presentación. Hermana Clara. Había que probar.

Le llamé a Pepe para cancelar nuestra reunión. Le pregunté por aquél hospicio en Cuernavaca y le platiqué lo que había pasado. Aquél hombre sabio, simplemente me dijo:

—Pues ve. Confía en la casualidad.

Así lo haría, pero primero, mi obsesividad me llevó a llamar a la monja de la tarjetita. Clara. Me recordó la caricatura de Heidi. Así se llamaba la niña en silla de ruedas que vivía en la ciudad.

La mismísima Clara me contestó el teléfono.

—Buenas tardes, ¿hermana Clara?, me pidió el Dr. Gabriel que le llamara

—Ah, sí, ¿tu eres su amigo?

—Bueno, en realidad lo acabo de conocer en una reunión de trabajo.

–Sí, sí, me lo dijo.

La mujer tenía un acento extraño

–¿Te espero el sábado, si?

–Claro, ahí estaré, aunque me gustaría que me platicara algo sobre su proyecto, y sobre lo que esperan de mí.

–Nada de eso. Es mejor que lo veas tú mismo. Me puedes encontrar por la mañana, la mejor hora es antes de las diez. Ahora te dejo por que estoy muy ocupada. Hasta el sábado.

Colgó. No pude ni agradecerle ni decir adiós.

–Confiaré en la casualidad, pues.

2

Cuánta arrogancia. Yo creía que había nacido para esto. A lo largo de los noventa kilómetros que separan al Distrito Federal de Cuernavaca, yo me aseguré a mi mismo, una y otra vez, que yo había nacido para hacer esto. Me lo habían dicho mis maestros. Yo tenía lo que se necesitaba. Nunca me dijeron que lo tenía "en bruto" y que me faltaban unos cientos de golpes, de los duros, para pulirme... lo bruto.

Llegué confiado. Seguro. Incluso traía un libro en la mano, quién sabe para qué.

El lugar era mucho más pequeño de lo que yo había imaginado. Era una construcción de esas viejas que abundan en Cuernavaca, de piedra, rodeada de bugambilias rojas, rosas y anaranjadas. Olía a tierra húmeda, rico. Tenía un pequeño estacionamiento en el que la mayoría de los lugares parecían estar reservados para médicos y trabajadores de aquél lugar. Casi todos estaban desocupados, de hecho, para ser un hospital, no parecía haber demasiados coches.

Lo primero que vi al entrar fue una pequeña sala, típica en los hospitales mexicanos, donde las familias se sientan horas interminables hasta que alguien los atiende. Este no era el caso, la sala con sus cuatro hileras de sillas de plástico estaba prácticamente vacía. Había plantas dentro, cosa rara en un centro de salud, incluso algunas flores sobre el mostrador. Alguien se había robado una bugambilia de las de afuera. Intentaba sobrevivir penosamente dentro de una gran maceta de barro pintada de rojo.

Nunca he entendido para qué pintan el barro.

Al igual que la salita de espera frente a la puerta de entrada, el resto del lugar se veía bastante tranquilo. Una mujer gorda, en la recepción, leía una de esas revistas que cuentan chismes sobre los actores y actrices de las telenovelas. Detrás una monja cargaba una charola con gelatina y un pequeño vaso. Ningún médico. Hasta donde yo podía ver, tampoco había enfermeras.

Estaba nervioso. Mucho. A pesar del entusiasmo con el que había recibido aquella tarjeta con el nombre de una monja sin apellido, un teléfono y una dirección, debo reconocer que estaba bastante asustado. No sabía bien a bien, qué es lo que haría en ese lugar.

Me acerqué a la recepción. La mujer me miró sin bajar la revista.

–¿Lo puedo ayudar en algo?

–Estoy buscando a la Hermana Clara. Hablé con ella hace un par de días.

–Un momento por favor.

La mujer se levantó pesada y sin demasiado entusiasmo. Se alejó unos metros y entró a un cuarto que estaba detrás de la recepción. Era la oficina de Clara. Eso lo descubriría unos minutos después.

Salió de aquél cuarto.

—Tome asiento, me dijo, en un segundo sale la Hermana.

—Gracias.

No olía a hospital. Nunca he entendido por qué los responsables de los centros médicos, no hacen algo para esconder un poco el olor a enfermedad que está siempre presente en los hospitales. Alcohol, medicina, cloro. Es una combinación molesta y muy poco afortunada. Aquél lugar olía distinto. A nada, pensé.

También era diferente el color. El sistema de salud mexicano es beige. Paredes, pisos, incluso techos. Beige. Y en el peor de los casos, verde pistache. Prefiero el beige.

El hospitalito de Cuernavaca era azul, blanco, incluso, detrás de la oficina de Clara, se erguía orgullosa una gran pared amarilla, casi fluorescente. Esta monjita debe ser americanista, pensé. Era un lugar diferente. En ese momento, todavía no imaginaba cuán diferente. Bendito hospital.

Clara salió serena, a paso lento. Era una mujer pequeña, blanca, ojos claros. No usaba cofia. Camisa de rayitas, rosa y blanca, manga corta. Falda azul marino. Huaraches. Tendría unos sesenta años. Lentes. Pelo claro, corto. Me miró.

—¿Carlos?, preguntó con un acento extraño.

—Yo mero.

La mujer de la recepción levanto la mirada sobre aquella revista de chismes, extrañada por mi respuesta tan poco formal.

—Pasa, me dijo la monja indicándome la puerta de su despacho.

Era una oficina sencilla. Colorida. Inmediatamente supe que la razón por la que en ese hospital había tantas macetas, era por el gusto que aquella religiosa, canadiense —lo sabría después— tenía por las plantas. Colgado sobre la pared, detrás de la silla de la monja, un crucifijo sencillo, de madera, sin pretensiones, reflejaba fielmente la sencillez de aquellas religiosas maravillosas.

–Háblame de ti, me dijo sin mayor introducción.

Nunca ha sido fácil para mí hablar de mí mismo. Necesito terapia, sin duda. Empecé contándole lo que había estudiado. Me interrumpió.

–No quiero saber de dónde vienes. ¿A dónde quieres llegar?, ¿por qué estás aquí?

Sus preguntas me sacaron de balance. Yo estaba más bien, acostumbrado a las entrevistas laborales. No sabía muy bien qué responder.

–Quiero ayudar a los enfermos moribundos, y a sus familias. Creo que soy bueno para acompañar a la gente y por alguna razón, las personas me cuentan siempre muchas cosas sobre ellos mismos.

La monja sonrió divertida. Unos meses más tarde me confesaría que su primera impresión, la que tuvo en esa entrevista, había sido de lo más mala. Muchachito arrogante, había pensado la monja. ¿Qué no sabrá éste que en realidad ha venido aquí para que nuestros pacientes lo ayuden a él? Era una mujer sabia. Cuando me lo platicó me reí muchísimo. Luego no. Luego me di cuenta que había tenido razón.

–¿Eres bueno con los niños?

–Yo creo que sí.

No era cierto, o al menos yo no sabía si era cierto. Mis sobrinas me quieren y se divierten conmigo, aunque claro, soy su tío. Los hijos de mis amigos también parecen divertirse, pero claro, los veo sólo de vez en cuando. Yo no sabía la respuesta a aquella pregunta, sin embargo, contesté que sí. Eran los nervios.

–Ven.

Fui.

3

Acompañé a la religiosa al final del pasillo detrás de su oficina. A cada lado, se abrían una serie de cuartos, unos diez. Nos enfilamos al último. Aquello parecía una romería. Tres mujeres y unos cinco niños indígenas, lo sabía por su ropa, estaban sentados sobre una larga banca de madera que yacía a un lado de la última habitación. Una de las mujeres amamantaba a un bebé muy pequeño que traía colgado de un rebozo colorido. Debajo de la banca, descubrí a otros dos niños jugando con unas canicas que se veían viejas.

Era el cuarto 101. Pequeño con dos camas, ambas ocupadas. Una ventana rectangular mostraba un jardín trasero lleno de plantas. Bonito. Dentro del cuarto pude ver a dos niños, sobre las camas, y a tres adultos. Del lado izquierdo una mujer, indígena también, sentada sobre una silla plegable de metal. Del lado derecho una pareja joven, ambos sentados sobre un sillón viejo, observaban absortos al niño sobre la cama. Su hijo, supuse.

La monja le hizo una señal a la mujer que estaba sola. El niño dormía, o al menos esa impresión me dio. No lo pude ver bien. La mujer se levantó de inmediato y se acercó. Saludó a la monja extendiéndole la mano. Clara acercó su mano y la mujer la tomó y la besó. Era evidente que aquello le parecía incómodo a la religiosa quien se sentía apenada. Sólo unos días más tarde yo descubriría que aquél saludo, besando la mano de la monja, era un gesto de pura y total gratitud.

–El es Carlos, le dijo a la mujer. Viene a ayudarte, a ti y a Juanito.

Yo me quedé helado. ¿Viene a ayudarte?, ¿así, sin más? Yo ni siquiera sabía quién era ella, o el niño, ¿de qué estará enfermo?, ¿cuál será su diagnóstico?, ¿cómo demonios quiere que los ayude? ¿Está loca esta monja, o qué?

La mujer se acercó y me extendió la mano.

–Ella se llama María, me dijo Clara presentándome a la mujer que parecía muda.

Era curioso que se llamara así. En México, al menos en el Distrito Federal, le llamamos "Marías" a las mujeres indígenas que venden chicles en las esquinas. Nunca lo había pensado demasiado, pero es claro que el nombre es terriblemente impersonal. "Le compré unos chicles a la "María" de la esquina". "La "María" trajo a un nieto a trabajar con ella". No lo decimos por ofender, lo decimos, creo ahora, por que nos asusta darnos cuenta que a pesar de que las vemos todos los días, en la misma esquina cuando salimos a trabajar o cuando regresamos a nuestras casas, nunca nos relacionamos realmente con ellas. Al menos yo no. Quizá les llamo Marías por que me asustaría saber que tienen un nombre, lo cuál me obligaría a establecer una relación y un compromiso. Que mal.

Mi madre es diferente. Ella se ha hecho amiga de "la María" que ha estado por años vendiendo chicles en una esquina muy cerca de su casa. La conoce. Conversan. Parecen ser amigas. Se acompañan todos los días, al menos un ratito.

La mujer del cuarto 101, la mamá de Juanito se parecía mucho a la "María", amiga de mi mamá, sólo que más joven. Su cara reflejaba la dureza de una vida llena de discriminación. Piel obscura, dura, necesaria para sobrevivir frente a una sociedad en la que no entendemos a los diferentes, a los que hablan en su lengua. Nos asusta darnos cuenta de que no somos capaces de aceptar la diversidad, la riqueza de la diversidad.

–Hola María, le dije extendiéndole la mano para saludarla.

Me dio la mano sin hablar. ¿Era muda?

–Te dejo, dijo la monja de repente.

¿Qué?, ¿me deja?, ¿cómo? Esta monja debe estar completamente loca. Y ahora, ¿yo qué hago? La mujer es muda. Los demás hablan en su lengua. Nadie me había preparado para esto. Auxilio.

Me quedé paralizado. La mujer lo notó. Me tomó de la mano y me acercó a la cama.

–Juan, dijo señalándome al niño quien estaba despierto, contrario a lo que yo había pensado. Mi hijo, añadió con dificultad. Era evidente que su idioma no era el español.

–¿Qué tiene?, pregunté de manera por demás torpe.

–Cáncer.

–¿Cuántos años tiene tu hijo?

–Pregúntele a él, me respondió al tiempo que salió de la habitación para sentarse en la banca junto con sus hermanas y sus otros cuatro hijos.

Pregúntele a él. Qué buena lección. Pues claro, el niño tiene cáncer, no está sordo, pensé recriminando mi propia torpeza.

–Hola Juan.

Me miró desconfiado.

Era un niño flaquísimo, como yo nunca había visto otro. Sólo en la televisión. De piel obscura, igual que el poco pelo que todavía tenía sobre la cabeza. Se veía cansado, agotado, y sin embargo en sus ojos había todavía mucha vida. Tenía una chispa especial, como si quisiera decir algo con los ojos.

Yo no lo sabía todavía, pero ese niño indígena, flaquísimo, me habría de cambiar la vida para siempre. Por dentro, nunca seré igual que como era antes de ese día. Juanito me daría el más grande de los regalos. Era el primero. El más grande de todos.

–Buenos días, dijo de lo más formal y hasta un poco apenado.

–¿Cómo te sientes?

–Bien.

–Veo que está aquí tu mamá y mucha familia, ¿quiénes son?

–Mis hermanos. Mis tías.

Me había olvidado por completo del niño que estaba en la cama de junto y de sus padres. Giré para saludarlos.

–Buenos días, les dije.

–¿Qué tal?, me respondieron ambos.

El niño de la cama de junto ya no podía hablar. Moriría sólo un par de días después. El lunes. Nunca crucé otra palabra con sus papás. Nunca los volví a ver.

Juanito hablaba poco. Yo aprendería luego que no era necesario decir mucho más. Mi primera conversación con el no me había permitido realmente conocerlo. Sus respuestas eran prácticamente todas, monosilábicas. Sí, no, bien, mal, bueno, gracias, adiós. Mis prejuicios se pusieron a trabajar. Los niños indígenas no hablan bien español, son penosos, introvertidos, tienen miedo de la gente de fuera, son desconfiados, pensé.

Ah, qué equivocado estaba. Es increíble cuánto tiempo y cuántas oportunidades me pierdo por mis prejuicios. Juanito, estaba a punto de enseñarme qué tan inútil es construir una relación basada en ideas pre concebidas, en paradigmas, en imágenes sociales. Juanito me enseñaría todos los días algo nuevo. Lo mejor, lo dejaría para el final, para su última semana de vida.

Salí de la habitación para encontrarme con María todavía sentada, estoica, sobre la banca de madera. Sus hermanas se habían ido. Quedaban ahí tres niños y una niña, sus hijos. Todos los pequeños estaban dormidos, unos sobre la banca y los demás sobre el piso del pasillo. María me miró y se levantó sin decir nada.

–Muchas gracias por permitirme estar un ratito con Juanito.
–A usted. ¿Vuelve?
–¿Cómo?, pregunté sin entender a qué se refería.
–¿Vuelve? Insistió la mujer.
–Sí. Yo creo que vendré el próximo sábado.
La cara de la mujer se suavizó un poco.
–Bueno. Gracia, me dijo omitiendo la ese y dándome una palmada sobre el brazo.

Entró a la habitación, dejando a los niños dormidos en el pasillo. Yo no sabía qué hacer. ¿Los dejaba ahí?, ¿esperaba a que volviera a salir? Clara me salvó, como lo haría cientos de veces en los meses y años que siguieron a ese día. Se acercó.

–Cómo te fue con Juanito, me preguntó con su extraño acento.
–Pues yo creo que bien.
–Bueno.
–María se metió y yo no sé si esperarla, porque veo que sus hijos están aquí dormidos.
–¿Y qué?
–Pues qué hago, ¿la espero?
La monja sonrió.
–No te preocupes. Yo los cuido.
–¿Qué más quiere que haga?, pregunté repitiendo mi torpeza.
Clara sonrió francamente.
–Nada Carlos, gracias. Nos veremos el próximo sábado.

¿Ya? ¿Eso era todo? ¿Había venido hasta Cuernavaca para una entrevista de diez minutos con un niño que apenas hablaba y una mujer casi muda? Yo no entendía nada. No supe qué hacer.

−Con permiso, dijo la pequeña monja y entró a la habitación 101 dejándome otra vez solo en el pasillo con cuatro niños dormidos.

Me fui. No sabía qué pensar. Regresé a la ciudad de México con un cierto malestar. Confía en la casualidad. Recordé las palabras de Pepe Gómez del Campo. Me tranquilicé.

4

Estuve inquieto toda la semana. No sabía cómo evaluar mi primera visita al hospitalito de Cuernavaca. No le platiqué mi experiencia a nadie. No había mucho que decir. En realidad, me parecía que aquello había sido más bien un fracaso. Es la primera, pensé, de seguro esto mejorará con el tiempo. Ojalá. Yo tenía todavía mucha ilusión de poder acompañar a una familia en medio de una tragedia como la enfermedad terminal de una persona.

El jueves, antes de ir a la oficina pasé a casa de mi mamá a devolver unos recipientes que me había prestado la semana anterior. Ahí estaba ella. La "María". La vi al acercarme a la casa de mi madre, sabía que me la encontraría prácticamente de frente al salir. Eran las ocho y media de la mañana, hacía frío.

−Buenos días "Seño", le dije abriendo la ventana de mi camioneta.

−¿Quiere chicle?, preguntó mostrándome una pequeña cajita llena de chicles de todos colores. En la otra mano sostenía algunas paletas y una bolsa de plástico transparente que contenía cigarros y pastillas de menta.

−Sí, gracias. Saqué la mano por la ventana. Me llevo unos de estos verdes, añadí tomando los chicles.

El semáforo seguía en rojo.

Me miró. De verdad se parecía mucho a la mamá de Juanito.

–¿Y su mami?, me preguntó.

–Bien, gracias. Está en su casa.

–Me dijo tu mami que no te has casado, dijo de repente tomándome por sorpresa.

–No, reí. Eso del matrimonio no es para mí, dije bromeando con ella, al menos no por ahora.

–Cásate, me ordenó con una sonrisa.

Yo sonreí. Ella también. El semáforo cambió a verde.

–Me tengo que ir.

–Vaya con Dios, me respondió cariñosa. Saluda a su mami, añadió.

Nunca lo hubiera pensado. En el minuto y medio que duraba en rojo el semáforo, en el que diariamente mi mamá conversaba con aquella mujer de nombre desconocido, pero vecina al fin de mi casa de adolescencia, ellas hablaban de mis hermanas y de mi. Seguramente mi mamá preguntaba también por sus hijos. Eran muchos, y ya algunos nietos. Todos trabajaban en la franja que va de Palmas a Polanco. Cuando es necesario, se resguardan de la lluvia, debajo del puente que pasa sobre la Avenida Ferrocarril de Cuernavaca.

Qué paradoja, pensé con un poco de vergüenza. Durante años fui literalmente vecino de esta mujer que prácticamente vive sobre las vías del tren que lleva a Cuernavaca. No sé su nombre. No la conozco en realidad. No tengo una relación con ella. Me ha visto crecer y yo la he visto envejecer. Probablemente nunca me he preocupado por ella. Le llamo "María".

En Cuernavaca vive una mujer a la que sólo he visto un minuto y he quedado conmovido por su vida. Ella si se llama María, aunque igual que a la amiga de mi madre, si la hubiera visto en las calles de la Ciudad de México, la hubiera llamado así, sin saber en realidad su nombre. La conocí un minuto y sé cómo se llaman ella, y su hijo. Sé que el pequeño tiene cáncer. Sé que quieren que los acompañe un poco. Sé que está sufriendo. Sé que su hijo morirá pronto.

¿Cuánto podría yo saber de la "María" amiga de mi madre, que vende chicles en Palmas? Seguramente mucho. No he querido. No me lo he permitido. Probablemente por que me asusta pensar que ella puede tener una vida igual de compleja que María, la de Cuernavaca. Probablemente no sé nada de ella para no involucrarme, para no comprometerme. Qué vergüenza, pensé.

Haré lo que pueda por la María de Cuernavaca. Quizá así, pueda sacarme un poco la espina, con "la María" de Ferrocarril de Cuernavaca.

Dormí muy mal la noche del viernes. Estaba muy nervioso. No me había imaginado así mi primer "caso". Me levanté antes de que sonara el despertador. Estaba inquieto y muy incómodo en mi propia cama. Me bañé. Desayuné cualquier cosa, cereal, yogurt para beber, un café. Tomé la camioneta y me dirigí al periférico, hasta viaducto Tlalpan, de ahí tomaría la carretera hacia Cuernavaca. Me esperaba aquél pequeño hospicio-hospital, con su enloquecida monja y aquella mujer, María, y su hijo moribundo, Juan.

Llegué a eso de las nueve y media de la mañana. Entré al estacionamiento y observé cómo llegaba al mismo tiempo que yo un hombre joven que se estacionaba torpemente en uno de los lugares reservados. Bajé de la camioneta.

–Veo que te animaste, me dijo aquél hombre que también descendía de su automóvil. Era Gabriel.

–¿Cómo ves, doctor? Mi segundo día.

—Y, ¿qué tal te trató mi querida amiga Clara?

—Aquí entre nos, debo confesarte que me pareció medio aventada ¿no?

—Ja, ja. ¿Aventada o enloquecida?, me preguntó.

—Pues un poco de las dos ¿no te parece? Me aventó "como al borrras" el sábado pasado, sin decir agua va.

No pudo responderme. Clara había escuchado aquella conversación y salió a nuestro encuentro en la puerta. Cerré los ojos unos segundos en actitud de culpa. Gabriel seguía riendo.

—¿Loca eh? dijo, dirigiéndose al médico.

Que bueno que la bronca no era conmigo.

—Bueno hermana, tienes que aceptar que de repente se te bota la canica, ¿no? dijo Gabriel haciéndose el gracioso con la religiosa.

La monja lo abrazó con claro cariño.

—Loca pero de agradecimiento a tu país y a estas familias maravillosas, dijo la monja, que sonaba sincera.

Me miró cerrándome un ojo.

—Hola Carlito. ¿Por qué no me habías dicho que tu nombre es sin la ese?, lo vi hasta esta mañana en la solicitud que me llenaste.

—La verdad, hermana, estaba muy nervioso la semana pasada. Ni me fijé. Es un error de lo más común, que al paso de los años ya ni me tomo la molestia de corregir.

—¿Nervioso?, pero ¿de qué?, preguntó con toda naturalidad la religiosa. No estés nervioso, que los nervios no son buenos consejeros. María y su familia, son gente buena, no hay por qué sentir miedo.

–No si no me dan nervios ellos, confesé. Me doy nervios yo. No vaya a cometer una estupidez ¿no?

–La cometerás, sentenció la monja viéndome a los ojos con cariño. La cometerás, no te preocupes, repitió.

Me quedé en silencio pensando en aquello. Cometeré una estupidez. Muchas. La monja interrumpió.

–Nada de lo que hagas Carlo, si surge del amor, aunque sea, como tú dices una estupidez, podrá hacer daño. Estas familias están vacunadas contra los errores bien intencionados. Son pacientes y cariñosos, sobre todo la familia de Juanito. Ya verás. Tranquilo.

De verdad me tranquilizó. Clara tenía ese efecto sobre las personas. Bien. Gracias.

Sin más, me despedí de la religiosa y del médico, y me dirigí al cuarto 101. Había comprado unos regalos insignificantes para los niños del final del pasillo. Me acerqué y de inmediato María, que conversaba en una lengua absolutamente incomprensible para mí, se levantó al verme. Parecía alegre de que yo hubiera vuelto. No me esperaba tal reacción.

–Hola María. Giré hacia la banca para saludar con un movimiento de cabeza a las otras dos mujeres y a los niños. Me contestaron de la misma forma.

–Pensé que no volvía, me dijo con una sonrisa.

–¿Cómo crees?, si tú me dejas y por supuesto si a Juanito le parece bien, yo estaré aquí todos los sábados. Nos acompañamos un rato, y hablamos un poco, ¿qué te parece?

–Gracia, dijo. Muchas Gracia.

Me puse en cuclillas para descubrir a tres pequeños niños y una niña, todos muy parecidos a Juan, pero en mucho mejor forma física, aunque un poco delgados. Todos vestían de manera parecida. Coloqué la bolsa plástica en el suelo y saqué lentamente una red, también de plástico, que contenía al menos unas cien canicas de todos colores. Los tres niños respondieron de inmediato, abriendo los ojos como platos y sonriendo abiertamente. Luego, saqué una pequeña muñeca, sencilla. La niña tendría unos tres años. Entendió de inmediato que aquél regalo era para ella. Sonrió, y extendió los brazos para recibirla. De inmediato empezó a conversar con ella, en su lengua.

Me levanté. María veía la escena divertida junto con sus hermanas. Educados, los tres niños se asomaron entre las piernas de sus tías y al mismo tiempo dijeron "Gracias". De nada, respondí.

–Entro un rato, ¿sí?, dije dirigiéndome a la madre.

–Adelante.

Me encaminó.

Al entrar, vi que la cama de junto estaba destendida. La pareja joven que había visto la semana anterior ya no estaba. Entendí lo que había pasado.

–Se llamaba Pedro, era buena gente. Se murió hace unos días, me dijo Juan sin saludar y sorprendiéndome por la naturalidad con la que había empezado la conversación. Era la primera vez que le oía una frase completa a aquel niño flaquísimo.

–¿Era tu amigo?, le pregunté al tiempo de sentarme en una silla metálica, plegable, que encontré junto a la cama del niño.

–No hablaba mucho. Yo tampoco. Estaba muy enfermo y se sentía siempre mal.

–Y tú, ¿cómo te sientes?

–Más o menos, me confesó sin dejar de verme a los ojos ni un segundo.

–Y ¿cómo te hace sentir que Pedro, tu vecino, se haya muerto?

–Creo que ya está descansando. Y sus *papaces* también.

–Sí. Debe ser cansado para todos ¿no?, pero lo importante es que estén aquí, acompañándote, ¿no crees?

–Sí, dijo poniéndose un poco más serio.

Intenté recuperar la cordialidad.

–Te compré esta pelota Juanito, le dije entusiasmado.

La vio con alegría. Luego de inmediato me miró con esos ojos iluminados, que tanto me enseñarían en las siguientes semanas.

–¿Se la regalamos a mi hermanos?

–Es para ti Juan. Además, a ellos les traje unas canicas y están afuera rete divertidos jugando con ellas. Luego les vamos a decir que te inviten a jugar. A tu hermanita, también le traje un regalito, una muñeca rete chistosa.

Juanito se emocionó de repente. Yo ya había estudiado que es normal el cambio repentino de sentimientos, pero, nunca lo había visto. Empezó a llorar casi en silencio.

–Gracias.

–No tienes por qué darme las gracias. No es nada.

–Gracias repitió y me dio la mano con toda solemnidad y gratitud.

–¿Entonces te quedas con la pelota?, le pregunté seguro que ahora si su respuesta sería positiva.

–No. ¿No le importa que se la regalemos a mis hermanos?

Me sorprendió. Niño generoso.

–Como tú digas.

–Nocni, güitzi, o algo parecido, gritó el niño con autoridad.

Sonrió al ver mi reacción de asombro y admiración.

–Hablamos náhuatl, me dijo con orgullo. Somos de Coatepec, añadió.

Los cuatro hermanos entraron alegres, corriendo. Juan, flaquísimo y generoso, les mostró de inmediato la pelota. Los alegró. Algo más les dijo en náhuatl. Les aventó la pelota con cariño, y nuevamente, al mismo tiempo, como si lo hubieran ensayado, los cuatro dieron las gracias. Se alejaron. Irían un rato al jardín.

-¿Me enseñas?, pregunté.

–¿Qué?

–A hablar en Náhuatl.

Juan rió, casi a carcajadas.

–No, me dijo.

–¿Por qué?, pregunté casi indignado pero siguiéndole la corriente.

–Por que es muy difícil y no vas a aprender, sentenció.

–Ah, qué. A ver ¿pruébame?

El niño orgulloso de su idioma construyó una frase corta. Complicadísima. Imposible de pronunciar. Llena de sonidos que yo no había escuchado nunca, o al menos, a los que nunca les había puesto demasiada atención. Su carcajada resonó hasta el pasillo al ver mi cara de tarugo. No podría repetir ni un solo sonido de aquella frase.

–Ah, no se vale. Eso está muy difícil. Vamos a empezar por algo más sencillo. A ver, ¿te sabes los números en náhuatl?

–Sí. Cente, Ome, Yei, Nahui, Macuilli...

–A ver, a ver, interrumpí divertido. Pérame güey, le dije de manera espontánea y con cariño, que así no voy a aprender nada.

El niño se veía francamente divertido. Fuimos repasando los números del uno al diez. Al cabo de un rato, yo ya dominaba aquello.

–Cente, Ome, Yei, Nahui, Macuilli, Chicuacen, Chicome, Chicei, Chicnahui y el dificilísimo diez... Ma-tlac-tli.

En un gesto espontáneo y extraordinario, aquél niño esquelético, emocionado, se me aventaría literalmente encima, para darme un abrazo. Yo lo recibí con gusto y con mucha alegría.

–Ya ves. Si pude. ¿No que no?

Juanito reía mientras regresaba a su cama.

–¿Qué te parece si ahora yo te enseño los mismos números, del uno al diez, pero en inglés?

El pequeño se llenó de emoción.

–¿De veras?

–Claro, tu me enseñas algo de náhuatl y yo algo de inglés. ¿Cómo ves?

–Bueno.

–Uan, tu, tri....

Pasaron casi cuatro horas. No me di cuenta. Clara nos interrumpió. Había estado sentada en la banca la última hora acompañando en silencio a María, y escuchando todo lo que ocurría dentro de la habitación 101. Estaba contenta. Divertida.

–Hola, dijo la religiosa.

–Hola, dijimos al mismo tiempo Juanito y yo, que para entonces ya éramos buenos amigos. Camaradas, como decía él.

–Hora de la comida de Juan, dijo la religiosa, que siempre se dirigía por su nombre a los huéspedes del hospital, como ella les llamaba.

–Bueno, pues yo me despido camarada, le dije al niño.

Extendió los brazos. Me acerqué y le di un fuerte abrazo, lo más que pude.

–Me da su bendición, me dijo el pequeño.

Quedé totalmente sorprendido y emocionado. Se me llenaron los ojos de lágrimas. Giré para ver a Clara. Me miró.

–Claro que te da su bendición, le dijo la monja al niño, como ordenándome a mí que reaccionara.

Estaba a punto de hacer una bendición, normal, persignando al niño en voz alta, pero de repente, recordé a Camila mi muy querida amiga y a la oración de Santa Teresa que me había enseñado sólo unos días antes.

Sin más, coloqué la mano derecha sobre la frente del pequeño, quién la recibió con una sonrisa y cerró ambos ojos con confianza.

–Nada te turbe, nada te espante, todo se pasa, Dios no se muda, la paciencia todo lo alcanza, quien a Dios tiene nada le falta, sólo Dios basta.

Juanito sonrió. Gracias, me dijo. De nada compadre. Clara se había conmovido hasta las lágrimas. Eran de verdad. Me acerqué a la puerta. La monja me abrazó.

–Bienvenido Carlo. Es tu casa, dijo muy a la mexicana. Te espero el sábado, ¿ok? Que Dios te Bendiga.

–Gracias hermana. Créame que este enano ya me hizo sentir en casa. Gracias a usted por darme esta oportunidad.

Me despedí de la familia. La madre del niño, también me regaló un abrazo. Yo estaba feliz. Todo había salido bien. Qué bueno es este trabajo. Qué bueno que conocí a Ana María González Garza[11] y a Beatriz Pelcastre[12]. La semilla es de ellas, pensé. Gracias a ellas.

Regresé a México. Esa fue la mejor carretera Cuernavaca-México que yo he manejado en toda mi vida. Esa era mi verdadera vocación. Acompañar. Sin más pretensiones. Acompañar. La vida y la muerte de este y otros muchos niños, me enseñarían luego, que la cosa no es tan sencilla, ni tan alegre siempre. Pero siempre regala algo. Siempre.

5

Era mi tercera sesión con el niño. Tercera semana. Tercer sábado.

–No hay explicación. Tiene una metástasis tremenda. Es increíble. Nunca había visto algo igual.

Gabriel conversaba apresurado y casi angustiado con la Hermana Clara.

–Hola Carlo, me dijo al ver que me acercaba. Parecía también un poco acelerada. Te invité para hablar de Juanito. Gabriel tiene algo que decirnos.

–Qué tal Carlo, me dijo al tiempo que yo extendía la mano para saludarlo.

---

11. Ana María González Garza, es Doctora en Desarrollo Humano por la Universidad Iberoamericana de la Cd. de México. Ha publicado diversas obras en torno a la educación y en los últimos años se ha especializado en Desarrollo Humano Transpresonal, fue Directora del Departamento de Desarrollo Humano de la UIA.
12. Beatriz Pelcastre es Maestra en Desarrollo Humano por la Universidad Iberoamericana y candidata al grado de Doctorado. Académica y docente ha coordinado el Diplomado en Tanatología y Desarrollo Humano de la misma Universidad en la Cd. de México.

—Qué hubo Gabriel, me da gusto verte.

—Gracias. Le decía a la Hermana que Juanito es un caso único. Nunca había visto algo parecido. Envié sus últimos análisis a México a quien fue mi maestro y mentor en la facultad y luego en la especialidad en oncología. Su reacción ha sido la misma que la mía. Incluso llegó a pensar que le estaba jugando una broma de muy mal gusto.

Sacó una serie de radiografías y otros exámenes que se veían sumamente sofisticados. Empezó a hablar. Yo no entendía nada. Clara sí.

—Se ve claramente el tumor primario en esta zona del riñón.

¿Claramente?, yo ni siquiera podía distinguir el riñón. Me quedé callado. Puse cara de experto. Parecía funcionar, mientras no abriera la boca. Gabriel siguió y siguió. De verdad yo nunca pude ver lo que él y la monja podían observar "claramente" sobre esos estudios. Necesitaría aprender poco a poco. Paciencia.

—¿Cómo ves Carlo?, me preguntó de repente la religiosa Auxilio.

—La verdad Hermana, debo confesar que no entendí gran cosa.

Ambos rieron condescendientes. Luego, casi de inmediato, se pusieron nuevamente serios.

—Lo que Gabriel nos está diciendo, Carlo, es que la enfermedad de Juanito ha avanzado a tal grado que... bueno, pues que no hay una razón clínica que nos permita explicar por qué sigue vivo.

Me dejaron frío.

—¿O sea que se va a morir pronto?

—Significa que se debió haber muerto hace más de un mes, sentenció el médico con frialdad.

–¿Y el dolor?, si tiene toda esta metástasis, supongo que el dolor debería ser muy fuerte ¿no?

–Esa es otra cosa que nos tiene intrigados. Nunca se queja. Parece de verdad que no le duele. Muy pocas veces hemos tenido que intervenir con morfina. Es increíble. ¿Notaste algo de dolor la semana pasada?

–No hermana. Pero voy a tratar de averiguar. ¿Quieres que haga algo en especial? pregunté dirigiéndome al médico.

–No, me respondió.

–Yo sí, dijo de inmediato la monja quien se colgó de mi brazo y me encaminó hacia un pequeño cuarto del otro lado del hospitalito. Era la capilla.

El lugar era bastante pequeño. No tenía ventanas. Evidentemente había servido alguna vez de bodega, pero las monjas se las habían ingeniado para adaptarlo como capilla. Tenía únicamente cuatro bancas de madera, largas, mal barnizadas. Al frente, un enorme bloque hecho con ladrillo y cubierto por un mantel blanco, servía de altar. Un crucifijo de madera, sencillo como el que había visto en la ofician de Clara, volaba literalmente, colgado de dos fuertes cadenas que a su vez estaban clavadas al techo. En aquél lugar, lo único que no parecía improvisado era la estatua de la Virgen María, blanca y limpísima, a un lado del altar. Muchas flores. Dos grandes ventiladores.

–La construimos el año pasado, dijo orgullosa la monja.

–Pues les quedó muy bien.

–Gracias.

Hizo una pausa.

–Me gustó lo que hiciste la semana pasada con Juanito.

–¿Lo de la oración al final?, la verdad es que...

Me interrumpió.

—Ah, sí eso fue bonito. Ojalá lo repitas todas las semanas con otros niños. Pero me refiero a la manera en la que te pudiste conectar con él. Lo hiciste bien.

—Gracias. La verdad es que es un niño de lo más agradable.

—Sí que lo es. Es bueno, pero... no se quiere ir. Ya escuchaste a Gabriel. Nada explica su permanencia en este mundo. Yo creo que está sufriendo mucho, en silencio.

—Y, ¿quiere que la ayude a descubrir qué lo está deteniendo?, pregunté.

—No a mí, a él.

—De acuerdo.

La religiosa no dijo más. Cerró los ojos y empezó a rezar. Yo la acompañé. Aproveché el tiempo y la tranquilidad que esa bodega convertida en capilla siempre era capaz de otorgar. Imité a la monja. Pedí por Juan, por Clara y por mí. Necesitaría ayuda. Unos minutos después, salí. Dejé a Clara con su oración profunda. Me dirigí al final del pasillo del otro lado. Al cuarto 101.

Mi conversación con el niño parecía no ir hacia ningún lado. Hablábamos de todo y de nada. De repente, me hizo una pregunta seria.

—Cuando te vas a dormir, un poco antes de ya estar dormido, ¿en qué piensas?

—Es buena pregunta compadre. Ahora trabajo en un lugar que es muy grande y tengo siempre que hacer muchas cosas. Normalmente me cuesta mucho trabajo quedarme dormido, por que me paso los minutos dando vueltas en mi cama, pensando en todo lo que tengo que hacer al día siguiente.

Juanito me observaba, divertido mientras yo me imitaba a mi mismo girando sobre mi cama.

–A ti ¿no te pasa?

–Sí.

–Y, ¿tú en qué piensas?

–En Papá-Dios, dijo sin ninguna pena.

–¿En Dios?

–Sí. Hablo con Él. Le pido por mis hermanos, y mis tías, mis tíos y sobre todo por mi mamá.

–Y, ¿no le pides por ti?

–No ya no. Sólo le platico cómo estoy. Ah, y ahora también le pido por usted.

Me hizo sonreír. Era sin duda generoso. Me hacía mucha gracia como a veces, en la misma frase me hablaba de usted y de tu, sin importarle demasiado las formas.

–Yo, ahora, cuando rezo, también pido por ti

–No, me dijo el generoso chamaco, pide mejor por mi familia.

–Pues también, pero ¿por qué no por ti?

–Por que yo estoy bien.

–Bueno pero un rezo por aquí, y otro por allá no le hace mal a nadie, ¿no?

–Bueno, aceptó divertido.

–¿Por qué prefieres que pidamos por tu familia y no por ti?, dime la verdad.

–Bueno pues por que yo estoy ya muy enfermo, y un día de estos me voy a despedir.

Me quedé un rato en silencio, esperando la conclusión que, según yo, estaba por hacer Juan. No lo hizo.

–A mí me gusta mucho la música, dijo cambiando el tema

–¿Si?, y qué tipo de música te gusta.

–Las rancheras.

–Son buenas las rancheras. Te imaginas, pobrecitos todos los que no son mexicanos que no pueden cantar nuestras canciones.

–Sí, me dijo divertido, pobres.

–Y, ¿tienes una canción favorita Juan?

–Sí, dijo orgulloso. "Por un amor". También es la favorita de mi mamá.

–Ah caray, y ¿cuál es esa?

–Pues una muy buena, respondió con una gran sonrisa.

Luego, se puso serio y añadió:

–¿Me hace un favor?

–Lo que tú digas *mijo*.

–Cuando ya me vaya a morir, ¿me trae mariachis?

Era la primera vez, de muchas, que un niño tan pequeño me enseñaba que era posible vivir la muerte con conciencia, sin miedo y con sencillez. Sin duda, la realidad era siempre mucho más poderosa que la teoría. No esperaba aquella solicitud.

–Lo haré con mucho gusto, le dije con algo de dificultad.

Juanito me acercó la mano. Quería sellar nuestro acuerdo. Era muy importante para él.

–Quieres que te enseñe más náhuatl, dijo al verme a punto de llorar.

–Claro, le dije. En una de esas aprendo a contar hasta mil ¿no?

En las siguientes horas, aprendería algunas otras palabras en su idioma. Dos de ellas jamás las olvidaré.

—Nimicohcoua.

—Ay, güey, dije divertido. Y eso, ¿qué significa?

—Pues que estoy enfermo, me dijo con sencillez.

—A ver, otra. Pónmela más complicada.

—Nimiqui, dijo en voz más baja.

—Ah, esa está re fácil. ¿Qué significa?

—Que me voy a morir, dijo. Se quedó en silencio.

6

María nos hizo unos tamales buenísimos. Ese sábado, cumplía mi primer mes en aquél hospital. Era mi cuarto sábado al lado de Juanito. Él moriría quince días más tarde.

El dolor empezó a vencer su orgullo. María me contó que las últimas dos noches habían sido terribles para el pequeño que estaba por cumplir diez años.

—No se queja mi hijo del dolor.

—Ya me dijeron María, pero, yo creo que le tenemos que decir que no importa si se queja. La verdad es que le debe estar doliendo mucho, y es mucho mejor saberlo por que así, los doctores lo pueden ayudar de mejor manera ¿no crees?

—Yo creo que mi hijo se va a curar

—Bueno María, pero tenemos que estar preparados por si no se cura. Acuérdate lo que te dijo la Hermana Clara y el Dr. Gabriel, ¿te acuerdas?

—Se equivocan, sentenció.

—Puede ser. Pero, pues ellos saben bien de estas cosas, y ya ves cómo han sido difíciles los últimos días.

–Mi hijo es fuerte.

–Sí María, pero es muy pequeño... y está muy enfermo.

–Está muy enfermo, repitió con muchísima tristeza.

–¿Tienes miedo María?

Silencio. Pausa.

–Tengo dolor.

–Claro. Debe doler muchísimo tener un hijo que está tan enfermo, y que es tan bueno. Yo sé que ya lo sabes, pero él me repite siempre cuánto te quiere.

–Y yo a él.

–Por eso está bien que te sientas triste. También está bien llorar de vez en cuando, a veces ayuda. ¿Lloras?

–Pa qué.

–Pues para sentirte menos triste, con menos miedo. De verdad ayuda.

Silencio. Pausa.

–Si lloro siento que ya me vencí.

–Nada te va a vencer María. Yo creo que nada puede vencer el amor de una mamá por su hijo enfermo.

Casi lo había logrado. Aquella mujer recia, pero tan *mexicanamente* abnegada, estaba a punto de llorar. Yo sólo quería que se diera cuenta de lo mucho que unas pocas lágrimas podrían hacer por ella. No cedió. Se levantó de inmediato y me ofreció otro tamal. Ni modo. Era su proceso. Tendría que respetarlo.

Al entrar a la habitación, me dieron ganas de gritar. Juanito estaba absolutamente irreconocible. Había adelgazado, si es que eso era posible. Estaba pálido. Labios partidos. Los ojos estaban perdiendo la chispa. Interminables ojeras. Temblaba. Era evidente que le dolía. Salí de inmediato para buscar a una enfermera. La encontré.

–Perdón señorita, pero vengo de ver a Juan, el paciente del 101 y creo que valdría la pena llamarle al Dr. Gabriel. Me pareció que está pasándola muy mal.

–El doctor está arriba atendiendo a otros pacientes. Déjeme asomarme para ver qué puedo hacer.

A paso veloz, la enfermera se encaminó hacia la habitación de mi amigo Juan. Le agradecí su interés. Entró al cuarto. Me quedé afuera, en caso de que María tuviera alguna pregunta. Ninguna.

–Voy por el doctor, le dijo a María, mientras salía apresurada, pero serena, de la habitación de Juanito.

–Está bueno, respondió la mujer quien entró de inmediato a acompañar a su hijo.

Gabriel bajó sólo unos minutos más tarde. Entró. Yo tenía que saber qué estaba pasando. Entré detrás de él. La revisión no duró más de un minuto. Al verlo, Gabriel supo, todo lo que necesitaba. Dio instrucciones precisas a la enfermera. Me miró. Por primera vez vi en los ojos de aquél doctor la gran compasión que lo movía a visitar y ayudar a aquellos enfermos moribundos del hospitalito de Cuernavaca. Qué bueno que existen médicos como este, pensé. Ojalá que el tiempo y la decepción, no haga que de pronto un día, se enfríe. Sucede.

–Invítame un café, me dijo de repente.

–Vamos.

Pedimos nuestro café. El pidió además una trenza de chocolate.

–Ah, pobre muchacho, se quejó

–¿Está malísimo verdad?

–Sí. Debe estar sufriendo mucho

Era la tercera vez ese día que escuchaba aquello. Debe estar sufriendo mucho. Me sentí desesperado, impotente. ¿No estaba yo acaso ahí para ayudar?, ¿no era ese mi trabajo?, ¿qué estaba haciendo mal? ¿Qué hago?

Nos quedamos en silencio un rato largo. Luego, Gabriel se levantó y me dijo que todavía le faltaban algunos pacientes por visitar. Regresé al cuarto de Juan. Entré en silencio, esperando no despertarlo, en caso de que estuviera dormido. No era así. Se veía un poco mejor. Al menos ya no tenía ese gesto que evidenciaba un dolor profundo, desgarrador.

–Hola chaparro, le dije tratando de sonar alegre.

–Hola amigo.

Esa fue la primera vez que aprendí sobre el poder del silencio. Al principio me sentí un tanto incómodo. Estaba simplemente ahí, sin hacer o decir nada. Poco a poco me fui sintiendo mejor. Aquello parecía funcionar, al menos con este niño. No había necesidad de palabras. Bastaba con mirar. Mirar con el corazón y transmitir fe, confianza y hasta algo de esperanza.

Juan rompió el silencio, casi una hora después. Era el regalo. Mi vida nunca podría ser igual.

–No entiende nada, ¿verdad? La chispa había regresado a sus ojos.

–¿Qué chaparro?, ¿qué es lo que no entiendo?

–Que yo no me puedo morir, hasta que mi mamá no esté lista.

Sentí que me ahogaba. Casi dejé de respirar. Lo único que podía hacer era ver fijamente la chispa aquella en sus ojos. Lloré.

Me tomó la mano derecha, me la estrechó en un gesto solidario, generoso, cariñoso. No dijo más. No me volvería a decir nada más, hasta un momento antes de morir.

María. Teníamos que trabajar con María.

7

No pude ver a Clara ese día. Había salido con el resto de las religiosas. Regresé a México. No quería hablar con nadie. No podría. Me sentía muy mal. ¿Por qué no lo noté antes?, era tan evidente. ¿Por qué lo dejé sufrir así?, hubiera podido hacer algo a tiempo. No sirvo para esto. No estamos jugando. Se trata de la vida de personas, es un niño, sólo tiene diez años. Pude evitar todo esto. ¿Qué me pasa?

No serviría de nada seguir recriminándome, pensé. Aprende de Juan. Mira hacia delante. Resuelve. Corrige. Si... pero ¿qué hacer?

Nada te turbe, nada te espante, todo se pasa, Dios no se muda, la paciencia todo lo alcanza, quien a Dios tiene nada le falta; sólo Dios basta, me repetí una y otra vez a mi mismo, como tratando de encontrar un nuevo significado en cada repetición. Me quedé dormido en la sala de mi casa. Estaba agotado. Tenía mucho miedo. Muchísimo.

La Universidad me había enseñado que cuando uno no tiene las respuestas debe pedir ayuda. Yo sólo conocía a Clara y a Gabriel. No sabía si nuestro equipo de tres sería suficiente. Había que intentar algo. No podría esperar hasta el sábado. Regresé al hospital el lunes.

–¿Puedo hablar un minuto contigo?, pregunté sin saludar

–Claro. ¿Qué haces aquí?

Le conté lo que me había dicho Juanito. Clara se levantó del sillón. Se llevó las manos a la cabeza. Compartíamos la misma frustración. Era claro. El niño nos había dado muchas señales.

No me des a mi la pelota, trata mejor de hacer feliz a mi familia. Tienen que estar bien ellos. No reces por mi, hazlo por mi mamá. Ella lo necesita más que yo. Trae unos mariachis cuando me muera. No quiero que mi madre esté triste. No yo, si ella. Siempre ella. Siempre ellos.

–Necesitamos hablar con ella. ¿Tenemos aquí un buen psicólogo?, le pregunté haciéndole saber que no me sentía lo suficientemente capaz para resolver aquello sólo.

–Sí. Flor. Déjame llamarle para ver si puede venir.

Tomó el teléfono. Colgó al poco rato. Flor estaba en camino. Luego sin decirme nada salió. Se dirigió a la capilla. La seguí sin preguntar. Conocí al Padre Julián. Seríamos al menos cinco. Clara, Flor, Gabriel, el cura y yo.

Nos reunimos todos a eso de las doce y media. Teníamos ya un plan.

María tenía muy clara una sola cosa. No dejaría ir a su hijo sin luchar. Nada de lo que hacíamos o decíamos parecía tener algún sentido para aquella mujer. Nos fue mal. Mal lunes. Ningún resultado. Era necesario seguir intentando. Teníamos ya, muy poco tiempo. Juanito viviría sólo cinco días más.

Regresé el miércoles por la mañana. Tenía la esperanza de que la monja me diera alguna buena noticia. Cualquier avance, por pequeño que este fuera sería una gran novedad. La cara de la religiosa me lo dijo todo. María no quería saber nada más del tema. No soltaría las amarras. A pesar de que su mente, al ver a su hijo postrado en aquella cama pudiera decirle que sí, su corazón decía, todavía, que no.

Juanito estaba muy mal. Casi no podía hablar. El dolor era terrible. Respiraba con dificultad.

–Necesito que me ayudes compadre. Ayúdame para poder ayudar a tu ma.

Juan me veía con ojos profundos. No dijo nada. Yo tenía ganas de gritar. ¿Cómo podía sacarle a aquél niño tan pequeño, tan enfermo, tan cansado, la receta para curar a su mamá?, ¿dónde estaba la respuesta?

Ni una palabra. Me miró con ojos compasivos y confiados. Me sentí responsable.

De regreso en México, fui casi por instinto a comprar un disco. "Por un amor". ¿Podría estar ahí la respuesta? Encontré rápidamente un disco de Lola Beltrán. El primero de cinco que tenía la tienda contenía aquella canción. Por un amor. Era la canción número seis.

Subí a la camioneta. Abrí la bolsa y saqué el disco. No podía quitar la envoltura. Me desesperé. Saqué finalmente el disco. Ahí mismo, en el estacionamiento escuché aquella canción.

*"Por un amor me desvelo y vivo apasionado, tengo un amor
que en mi vida dejó para siempre amargo dolor
Pobre de mí, esta vida es mejor que se acabe no es para mí
Pobre de mí, ay corazón Pobre de mí, no sufras más
cuánto sufre mi pecho que late tan solo por ti"*

Me quedé en silencio casi una hora dentro del coche. Ni siquiera pude llorar. Un niño pequeño, flaquísimo, indígena, sencillo, generoso, profundo, a punto de morir, me había marcado la vida para siempre. No lo voy a olvidar jamás.

Regresé el viernes a la hora de la comida. Mi visita duraría poco. Tenía una junta a las seis de vuelta en la ciudad de México. Clara me recibió con mejores noticias. Flor había logrado, por fin, que María hablara sobre la posibilidad de que su hijo podía morir en cualquier momento. Clara, la sabia Clara, había acompañado a María en un llanto profundo, reparador. Era mi turno de hablar con ella. No sabía bien qué iba a decir. Ya pensaría en algo. Que Dios me acompañe. Era importante. Me sentía responsable.

Encontré a una mujer distinta. Cansada, pensé primero. Luego me di cuenta de algo que me paralizó por unos segundos. La chispa en los ojos. Estaba ahí, en los ojos de María. No era una ilusión. Estaba ahí.

−Te traje un regalito, María. Perdóname que lo haya abierto.

María me miró extrañada. Probablemente era la primera vez que tenía en sus manos un *"discman"* y un *"cd"*.

No dije nada. Lo prendí. Coloqué el disco dentro y la ayudé a ponerse los audífonos. Yo quería que escuchara la canción seis. La mujer cerró los ojos y me sonrió.

−Qué bonito suena, dijo casi gritando, sin percatarse del volumen de su voz.

Sonreí y le hice una seña para que hablar un poco más bajito. Entendió. Rió a carcajada abierta, y apenada, se cubrió la boca con una mano. Sus hermanas rieron también, y sus otros cuatro hijos se acercaron y literalmente treparon sobre su madre, como si fuera una gran montaña. Lo era.

Vi en la pequeña pantalla del reproductor que el disco estaba a punto de tocar la canción número seis. Pulsé *"Pause"*. Me miró extrañada y quitándole los audífonos le pedí que me acompañara a la capilla. No estaba seguro de lo que iba a hacer, pero debía confiar en mi intuición. María me siguió sin hacer preguntas.

–Estoy muy triste María. Me da mucha tristeza ver a tu hijo tan enfermo. Aunque llevo poco tiempo de conocerlo, te prometo que ya lo quiero mucho. Ha sido un gran maestro para mí.

La mujer me observaba en total silencio, pero atendiendo cada palabra que yo le decía. No habló.

–También me da mucha pena, que tú sientas tanto dolor y tanto miedo. Yo no tengo mucha experiencia en esto, y no me puedo ni imaginar lo que estás sintiendo, pero me gustaría que me trataras de explicar cómo te sientes. De verdad queremos ayudar. Clara y Flor también están muy preocupadas, y ya ves cómo quieren a Juanito. También el Padre Julián. ¿Cómo te sientes María?, ¿cómo es tu dolor?

Era mi turno para el silencio. Esperaba que María me dijera algo que yo pudiera usar. Así fue.

–Yo sé que quieren a mi hijo pero no me entiendes a mí. Yo no quiero que se muera. Es mi hijo. Si Dios quiere llevarlo yo no puedo hacer más, pero tengo miedo.

–¿De qué?, pregunté creyendo saber la respuesta.

–De que mi hijo se quede solo.

Los papeles estaban a punto de cambiarse, como me pasaría muchas veces en el futuro. Yo ya no pude más. María me tocaba la cara con cariño para consolarme. ¿Me estaré volviendo loco?, ¿qué no estoy yo aquí para consolarla a ella? Mientras eso ocurría, siguió hablando.

–No quiero que mi hijo se sienta solo.

Como pude, me repuse.

—María, ¿alguien cercano a ti se murió ya?, ¿tus papás?, ¿algún hermano al que hayas querido mucho?

—Mi abuelita, dijo con sencillez.

—Y, ¿dime una cosa?, no platicas con ella ahora, ¿no le pides a ella para que te ayude a soportar este dolor que ahora tienes?

—Sí.

—Pues, de la misma manera, vas a poder seguir hablando y queriendo a tu hijo Juan.

La mujer hizo una pausa. Tenía los ojos llenos de lágrimas. El trabajo de Clara había funcionado muy bien. María había aprendido a llorar.

—Pero, ¿dónde lo voy a encontrar?

La pregunta era enorme. ¿Dónde lo va a encontrar? De pronto, todo cobró sentido. El disco. La número seis.

—Aquí, le dije, al tiempo de que le colocaba uno de los audífonos.

Pulsé "Play".

—Aquí, María.

La mujer se rompió. Nunca había visto algo así. Tuve que sostenerla, físicamente. Se rompía entre mis brazos. Es el más grande dolor que puede existir. Un hijo que se va, antes de tiempo.

El silencio, gran protector, nos acompañó la siguiente media hora. Bendita Lola Beltrán, pensaba yo. Bendito quien seas que escribiste "Por un amor".

Clara entró apresurada. Juanito estaba muy mal. Salimos de la capilla y nos dirigimos todos al 101. Gabriel estaba ahí. Me quedé afuera, asustado, protegido entre dos mujeres indígenas y cuatro niños.

8

Ninguno de los adultos dormimos en toda la noche. Los niños sí. A las cuatro y media de la mañana pensamos que Juanito moriría. Vería una vez más el sol. Ninguna estrella más, al menos no desde aquí.

Eran ya las diez de la mañana. Clara salió. Estaba muy cansada.

–¿Quiere verte?, me dijo con una sonrisa cariñosa

Me alegré. Entré despacio. No esperaba escuchar lo que me dijo. Me acerqué a su cama. Me miró. Como pudo me sonrió. Estaba a punto de darme una orden que yo había olvidado. Era importante. Muy importante.

Me acerqué lo más que pude. Le costaba ya mucho hablar. Yo no lo había oído desde hacía muchos días. Ya lo extrañaba.

–Ya.

Fue todo. Me miró. Por un instante no entendí. Luego recordé.

Salí de ahí disparado. No me despedí de nadie. Llegué al estacionamiento y me di cuenta que necesitaría instrucciones. No había tiempo. Me arriesgaría. Subí a mi camioneta y me dirigí al centro de la Ciudad. ¿Dónde demonios iba a conseguir unos mariachis en sábado a las once de la mañana?, ¿era aquello prudente?, ¿me permitiría el hospital meterlos? Pensé en Clara. Me tranquilicé, seguro que sí me lo permitiría.

Llegué por fin al Zócalo. Me estacioné mal y bajé de la camioneta. Estaba loco. Tenía poco tiempo.

–Buenos días. Oiga, ¿sabe usted dónde puedo conseguir a esta hora unos mariachis?

Pasé casi dos horas buscándolos. Eran casi las doce. Marqué al hospital. Juanito seguía entre nosotros. No encontré mariachis, me acompañaba un trío. Espero que le guste también, pensé.

–Oye jefe, ¿se saben la de "Por un amor"?

–Claro patrón.

Era suficiente. Doce y diez.

Cuando regresé al cuarto 101, el ritual había ya empezado. Clara me miró con ojos de alivio, al tiempo que se alegraba enormemente de ver entrar al trío a la habitación. Me cerró un ojo aprobando aquello.

Los cuatro hermanitos, estaban sentados sobre la cama de Juanito. Yo no sabía si ese momento era propio para niños tan pequeños. Aprendería que sí. Estaban los cuatro muy tranquilos, como si supieran exactamente lo que iba a pasar, como si aprobaran la muerte como algo natural. Del lado izquierdo de la cama, ambas tías, Gabriel y Clara. El trío se había acomodado justo a los pies de la cama. No se atrevían a tocar. La monja, les hizo una seña para que empezaran. Nuevamente, no pude más. Con el primer acorde, me rompí.

"Por un amor me desvelo y vivo apasionado, tengo un amor que en mi vida dejó para siempre amargo dolor
Pobre de mí, esta vida es mejor que se acabe no es para mí
Pobre de mí, ay corazón Pobre de mí, no sufras más
cuánto sufre mi pecho que late tan solo por ti".

Del lado derecho de la cama, estábamos únicamente el Padre Julián, María y yo. María me tomó la mano. Era el momento para volver a escuchar a Juanito. Paradójicamente, se veía mucho mejor; un poco más fuerte.

Habló con cada uno de sus hermanos. A cada uno le dijo algo diferente. Cuida las canicas, cuida a tu hermana, cuida a mi mamá, pórtate bien, ve a la escuela, haz tu tarea. Instrucciones precisas, cariñosas, generosas. Un pequeño legado, una pequeña herencia.

A las tías, les habló en su lengua. Despacio, para que lo entendieran bien. Nunca sabré que les dijo. No importaba. Tendría que ver con el gigantesco corazón que ese niño era capaz de regalar. Le tocaban la cara, lo besaban, querían hacerle saber que habían entendido el mensaje. Cariñosas. Vio al trío. Sonrió como pudo. Trató de cantar un poquito. Se dio por vencido. Giró para verme, me cerró los ojos. Gracias me dijo con los ojos. La chispa había vuelto.

Llegó el turno de Clara. La monja se acercó. Algo profundo le dijo. La religiosa lo abrazó, le dio todo el cariño que pudo, y cuando estaba apunto de darle la bendición, se acercó hasta donde estaba yo, me tomó la mano derecha, la puso sobre la frente de Juanito y rezó conmigo, en silencio.

Nada te turbe, nada te espante, todo se pasa, Dios no se muda, la paciencia todo lo alcanza, quien a Dios tiene nada le falta; solo Dios basta.

Era mi turno. Me acerqué. No quería. No estaba listo. Yo había cumplido con traer la música. Tenía miedo.

–Eres mi camarada.

No dijo más. Era suficiente. Gracias Juan, quería gritarle. Gracias por tu vida.

Llegó el momento para María. Aquello fue indescriptible. Madre e hijo hablaron y se fundieron en un abrazo eterno. María, regia, orgullosa, se levantó nuevamente y miró a su hijo.

Su último respiro. Se fue, regalando una sonrisa. Juanito murió.

Era sábado.

9

Tomé la carretera de regreso. Al llegar a la curva conocida como "la Pera", tuve que detenerme y salir al acotamiento. Abracé el volante, y lloré.

Lloré como nunca lo había hecho. Lloré sobre todo, por que sabía que era la última vez en mi vida que lloraría así. Lloré por mí, por la muerte de mi padre, por Pizza mi mascota de niño, por la falta de medicinas, por la lejanía de mis hermanas, por Juan, por María, por no haber tenido más tiempo para aprender otras palabras en náhuatl.

Cambié. Juan me cambió. La muerte ya nunca sería igual. No era tan mala.

Gracias Juanito, por que con tu vida me enseñaste mucho de la mía.

CINCO REGALOS

Primero: Dejar a Dios ser Dios

La alegría era sin duda la característica que mejor describía a Lucy. Era una alegría sencilla, sin pretensiones, disponible y contagiosa. Era una alegría heredada de Ana y luego, perfeccionada.

Sus risas constantes y su buen humor tenían mucho que ver con la visión que tanto Ana como Lucy tenían de sí mismas y de los demás. Constantemente se preocupaban por lograr que la gente a su alrededor pudiera dibujar aunque temporal, una pequeña o gran sonrisa. Entendían cabalmente que el humor era cosa seria, que era importante, casi necesario, y que este podía dignificar su camino y el de los demás.

Ambas tenían rituales de la risa. Eran cómplices de su buen humor.

Su sabiduría, convertida en carcajada, era capaz de trascender aquél lúgubre espacio, aquél calor sofocante, aquél mundo de "cuidados paliativos" y olor a muerte. Su risa era estandarte y su disposición era cruzada. Lucy había heredado de su madre esta disponibilidad hacia el buen humor; la niña fue buen *humus*, tierra fértil para la maravillosa semilla del bienestar emocional. El humor de ambas humanizaba aquél hospital y facilitaba los procesos de acompañamiento de psicólogos, tanatólogos, trabajadores sociales y religiosos; era un humor que emocionaba y que curaba.

Pero Lucy tenía algo más que ofrecer detrás de esa sonrisa casi permanente. Algo más escondían esos dientes blanquísimos que la pequeña ponía a disposición de prácticamente todas las personas que se acercaban.

La niña de tan solo ocho años era capaz de salvar a Dios, en medio de aquella situación tan triste, desesperada y en apariencia sin sentido.

Ana se preguntaba por qué Dios había podido permitir que su niña se hubiera enfermado. Lucy no. Ana no encontraba la manera de absolver a Dios frente a la inminente muerte de su niñita. Lucy no necesitaba absolver a Dios, ni al hombre, ni a su enfermedad, ni a las medicinas que a veces no llegaban y que cuando llegaban hacían tanto daño. Ana, frente a su impotencia y a su dolor incomunicable, acusaba a Dios, mientras que Lucy con su sonrisa y con su conciencia de niño, lo salvaba.

La pequeña de tan solo ocho años le enseñó a aquella mujer, y de paso a todos los que la rodeábamos, que en medio de la locura que provoca la enfermedad terminal de un niño, había que hacer algo sencillo para crecer en conciencia: cambiar la imagen que tenemos de Dios.

La sonrisa de Lucy no exoneraba a Dios, no lo absolvía, no era necesario. La sonrisa de Lucy lo comprendía mejor de lo que al menos su madre y yo, podíamos. Nuestra conciencia no daba para tanto, la suya sí. El regalo del buen humor no sólo tenía que ver con el bienestar biológico, psicológico y social que procuraba, tenía que ver, sobre todo, con la construcción de un puente, diseñado para que su madre, se reconciliara con Dios, y así pudiera transitar el camino útil y dignificante del duelo humano.

Durante el duelo de Ana, bastaría con recordar la mazorca blanquísima, para empezar a perdonar a Dios y luego, comprenderlo mejor. La sonrisa y la disponibilidad de la niña, eran suficientes como para cambiar poco a poco, la imagen que Ana tenía de Dios.

La muerte es quizá la experiencia humana por excelencia, es probablemente la experiencia en la que se reúnen más elementos de nuestra humanidad. Es, sin embargo, una experiencia confusa que pone al descubierto elementos para integrar nuestra existencia escindida. El dolor, la tristeza y el enojo profundos vienen acompañados por la alegría y la paz que nos regala el recuerdo. El reclamo ante una Fe que se cuestiona, acompaña al consuelo que brinda la certeza de la presencia de Dios en medio de todo aquello. El miedo a la soledad es acompañado por la comunidad que nos rodea en silencio durante el duelo.

Mediante su sensata alegría, Ana y Lucy, supieron vivir esta experiencia de manera plenamente humana.

Lucy murió en medio de una enfermedad dolorosa e injusta, pero lo hizo con dignidad y buen humor. Entendió y con su vida demostró, que la risa y el buen humor mejoran el estado del cuerpo, que una carcajada sincera y real es mejor que dos horas con el tanatólogo o el psicoterapeuta, que la sonrisa, esa que contagia e invita, es el mejor cemento para construir comunidad y sobre todo, que desde sus ojos, desde su pequeña cara iluminada dentro de aquél lúgubre hospital, era posible encontrar la sonrisa y no el castigo de Dios.

Segundo: El poder del silencio

Recordar a Paco me hace mucho bien. Lo extraño. Mucho.

Con el tiempo y algo de distancia, entiendo más claramente la magnitud de los dolores que aquél pequeño niño con cara de chino tuvo que soportar. Con el tiempo, he podido comprender la enorme dignidad y valor de aquél extraordinario amigo, que entre otras cosas me enseñó la fuerza del silencio.

La muerte de un niño pequeño no parece tener sentido, muchísimo menos, el dolor. ¿Para qué?

El regalo de Paco, es probablemente el más incomunicable de todos los que hasta ahora he recibido, pero por alguna razón, dentro de mi, es el más claro, el más contundente. Es un regalo difícil de explicar, por que tiene que ver fundamentalmente con el poder del silencio, que por definición no necesita palabras para servir, se siente, se vive.

Paco, mi camarada el chino, logró de algún modo, convertir su dolor en amor.

Su lógica era innegable: "si cuando me duele más, te quiero más, entonces el abrazo que me des me va a servir para que me duela menos, ¿no?". Es una ética de niño que promueve un método de genio, sencillo pero poderoso. Que mi dolor sea la medida de tu amor, así todos ganamos.

Su dolor se convertía en herramienta para los demás, para los que tuvimos el privilegio de rondar su cuarto en esas últimas semanas. Nos midió desde su dolor, y nos obligó cariñoso, a exponer y expresar mucho más amor del que creíamos ser capaces de entregar. Al menos, así fue conmigo. Su regalo fue grandioso.

Paco era el rey del silencio, y no por que fuera un niño callado, por el contrario, platicaba mucho, era gracioso y sabía expresar lo que sentía con claridad, sin embargo, llegado el momento, hacía del silencio un arte.

Por algunas semanas, intenté ayudar a mitigar el dolor físico de Paco con ruido externo. Maquinitas, muñecos, diálogo, chistes y otras cosas que hacen reír a un niño pequeño. Sin duda aquello funcionaba bastante bien, nos reíamos y nos distraíamos mucho y la mayoría de las veces éramos capaces de engañar al dolor de manera efectiva.

Pero cuando el dolor de mi chino amigo se acercaba al rojo, al intenso e injusto rojo, el silencio se apoderaba de nuestro diálogo, el artista se ponía a trabajar en su propia obra y me descubría día a día, la maravilla de su arte.

Cada vez que Paco entraba en este trance de silencio, yo me callaba también. Su madre, Letty, había aprendido de su hijo aquél arte mucho tiempo antes que yo. Podían pasar literalmente horas, durante las cuáles aquél niño sabio y santo me observaba desde su dolor, sin decir una sola palabra, como obligándome a permanecer ahí, pero sobre todo a hacer algo con aquél silencio.

Me costó tiempo empezar a apreciar aquello, pero al final, el regalo se develó. La quietud a la que me obligó Paco *me metió*; me enseñó el camino hacia la inmanencia y me mostró la sutil pero necesaria distinción entre la reflexión interna y el total abandono al silencio. El silencio que me enseñó Paco no es vacío, es búsqueda. Todo parece hacer sentido en ese tiempo sin ruido que no sólo consuela, sino repara. Es el espacio correcto para el duelo, por que está más lleno de respuestas que de preguntas, aún cuando éstas no necesariamente se traduzcan en lenguaje. Es un silencio que sólo puede lograrse estando acompañado y acompañando.

Paco y Letty podían retirarse a ese mundo silencioso a voluntad. Sucedía siempre después de los dolores más intensos. Era como si tuvieran que descubrir el sentido de aquella ola de dolor. No era un silencio pasivo, se transformaban por completo. Me imagino que así se debe ver un místico cuando reza profundo.

El alivio del silencio es casi incomunicable. Yo encontraba mis respuestas en los ojos de Paco. Supongo que él las encontraba en los de su madre y ella, también en los de él. Sus diálogos, sin palabras, eran realmente emocionantes. Compartían un tremendo dolor, el de Paco físico, el de Letty, espiritual.

Letty aprendió a rezar en silencio, a escucharse en silencio, a escuchar en silencio. Aprendió a llorar en silencio y a diferencia de muchas otras madres y padres, comprendió el sentido y descubrió el regalo más rápidamente. Unos minutos antes de que muriera, acompañó a su hijo, que yacía sobre su regazo, en total y absoluto silencio. Habían aprendido a comunicarse así y no era necesario hablar, por el contrario, las palabras hubieran roto la magia. Letty fue una gran alumna, Paco un extraordinario maestro.

Yo no estoy seguro de haber aprendido todo lo que me quiso enseñar. Espero que con el tiempo pueda integrar a Paco en todos mis silencios. Espero algún día, encontrarlo ahí, por que lo extraño. Mucho.

El dolor de Paco si tuvo sentido. Al menos lo tuvo, en mi vida.

Tercero: Aquí y ahora

Javi podía ver a sus muertos. Podía sostener conversaciones, recibir instrucciones y discutir sobre la importancia de la sopa o de la gelatina. Podía verlos, simple y sencillamente porque seguía siendo niño; tenía sólo cinco años, todo sigue siendo posible a esa edad.

Javi me regaló un escalón que sirve de apoyo para asomarme a la trascendencia; no porque pudiera ver al *abulito*, a su madre o hasta al Ángel, sino porque los podía ver y disfrutar en tiempo presente, aquí y ahora. Javi podía vivir su dimensión espiritual de manera sencilla, libre y cotidiana, sin necesitar la muerte como excusa para hacerlo.

La dimensión biológica de Javi estaba rota, eso era evidente, había estado enfermo prácticamente desde que tenía conciencia. Su dimensión psicológica estaba marcada por su enfermedad y condicionada por una circunstancia sumamente compleja. Su dimensión social, era, por su propia condición, terriblemente limitada para un niño de su edad: Javi no tenía prácticamente ningún amigo; probablemente nunca lo tuvo. Pero su dimensión espiritual era rica y le permitía, entre otras cosas, un desapego nada común en niños de cinco años

Muchas otras experiencias al lado de camas de moribundos me enseñan que el apego es totalmente inútil cuando uno tiene que morir. De nada sirve el lastre, las cadenas y amarras que constituyen los apegos biológicos, psicológicos, sociales o hasta espirituales. Es sumamente difícil encontrar personas –niños, adolescentes o adultos– tan desapegadas y libres como este pequeño con cara de chimpancé.

Entre otras cosas el trabajo del tanatólogo busca acompañar a los moribundos a que encuentren caminos que les permitan liberarse de sus apegos más complejos, resulta muy útil el irse un poco más ligeros de equipaje. La experiencia de acompañar a un ser tan extraordinario como Javi, es única pues permite ver a la muerte simple y sencillamente como debiera ser: un tránsito humano, útil, que no requiere más que la propia conciencia y si se puede, la compañía sensible y honesta de aquellos a los que hemos amado... vivos y muertos.

A Javi no le importaban "las cosas" decía su padre. Estaba demasiado ocupado jugando con una dimensión que a falta de las demás, le permitía desplegar sus regalos de manera eficiente. Su espacio espiritual, se desarrolló como el sentido de audición que se perfecciona frente a la pérdida de la vista.

El uso de esta dimensión espiritual, le permitió entre otras cosas reconciliar a su padre con su abuelo. Javi le enseñó a su papá que era posible recuperar a aquél viejo con sombrero de cuadritos y que no importaba que se hubiera muerto hacía ya tantos años. Se podía dialogar con él, aquí y ahora, se podía reclamar, perdonar, salvar. El regalo de Javi nos enseña que nuestra capacidad espiritual es tan real y tan útil como la biológica, la psicológica y la social. Que no necesitamos morir para descubrirla, para vivirla.

Javi, hizo además, un regalo excepcional que no quiero dejar de resaltar por su enorme impacto de largo plazo en la vida de su enfermera favorita.

Es común que durante el proceso de acompañamiento surjan algunos regalos intencionales y otros tangenciales. Javi entregó uno de los regalos tangenciales más extraordinarios que me ha tocado presenciar: el que le dio a Silvana. La sencillez y disponibilidad de este niño, permitió a Silvana descubrirse a sí misma, conocerse en el dolor y la aparente locura de este pequeño.

Javi le descubrió la maternidad como una realidad existencial, no como un discurso retórico del tanatólogo, ella pudo ser madre de ese niño, aunque fuera tan sólo de manera temporal. La vida de Javi le permitió a la jefa de enfermeras, llenar un espacio que había estado aparentemente vacío hasta entonces, su muerte, le permitió doblegarse ante el duelo que durante tantos años había evitado para no hacer frente a su dolor.

Silvana aprendió de Javi que a veces, hay que dejar que el dolor simplemente duela, que no sirve evitarlo y que es necesario aprender a integrarlo. Abrazar el dolor, es probablemente una de las cosas más útiles que podamos hacer, aún cuando es una de las más difíciles de explicar. Javi supo cómo.

Cuarto: El poder del perdón

El miedo de morir es miedo de vivir[13], Mau no le tenía miedo a la muerte, le temía a la vida. Creía que su enfermedad había provocado la huída de su padre. Eran muchos miedos los que se sumaban y acumulaban en su familia.

Me gusta pensar que el contrario del amor no es el odio, sino el miedo. Sin embargo me parece también, que el miedo, a pesar de ser el sentimiento menos popular, es un instrumento útil mediante el cuál aprendemos a ser personas. Sin duda, el miedo nos ayuda a estar atentos y alertas, nos amplifica los sentidos lo que resulta sumamente útil en una situación límite como la de la muerte inminente.

Sirve morir conscientes y alertas. Hay que tratar de morir, vivos.

También, con el miedo es posible ser conscientes de nuestros propios límites, de nuestros alcances reales y de nuestras fronteras, por eso, de alguna manera, el miedo nos hace evidente nuestra condición humana tal cual es, ni un poco más, ni un poco menos. Como el humor, el dolor o el silencio, el miedo también humaniza.

Mau tenía mucho miedo de que se le acabara la vida y no pudiera tener la oportunidad de empatar el marcador de su partido personal. Le aterraba pensar que su padre no regresaría nunca y que por su culpa, su madre se quedaría sola después de su partida. El miedo de Mau, traducido tantas veces en enojo, me enseñó mucho sobre el poder del perdón.

La familia de Mau, no sabía cómo enfrentarse a la enfermedad del pequeño. Sucede todo el tiempo, de hecho, es sumamente gratificante encontrar madres o padres que sí saben qué hacer. La familia de Mau, convirtió su miedo en enojo, en rencor, en lejanía,

---

13. cfr. Kübler-Ross, E. (1975, 2004). *Sobre la Muerte y los Moribundos.* Segunda Edición. Barcelona: Grupo Editorial Random House Mondadori.

en ausencia, y el pequeño Mauricio creyó que él era el culpable de todo ello. El dolor provocado por el tumor no parecía ser nada en comparación con el dolor de la culpa que sentía. Mauricio pedía literalmente a gritos, que lo rescataran de su miedo.

Siempre he creído que frente a situaciones adversas, la mayoría de las veces las personas hacemos lo mejor que podemos dado el grado de amor o de temor que sentimos. A veces el temor vence al amor, a veces no.

Con su último respiro Mau, le dio una oportunidad breve pero poderosa al amor: le entregó a su padre el casco que ahuyenta el miedo. Quería perdonarlo, quería darle una oportunidad al amor, ese que salva. Por una vez en casi dos años, aquél niño que estuvo tan enojado por tantos meses, logró enfrentar su miedo con la urgente necesidad de arreglar aquella situación, de la cuál se había sentido culpable ya demasiado tiempo.

En sus últimas frases, Mauricio le regaló a su padre un enorme espejo en el cuál se pudo reflejar la verdad sobre su ausencia. Igual que el niño, el padre no estaba enojado, estaba asustado. El gesto de Mauricio fue sutil pero efectivo, el padre no debió decir más. Bastó un sólo minuto, quizá un sólo segundo para lograr la redención. Mauricio tenía muy poco tiempo, su muerte tan repentina nos sorprendió a todos, incluso a los médicos. Él sabía bien que estaba a punto de suceder, sabía que no había tiempo que perder, sabía que probablemente tendría una única oportunidad para salvar a su padre, del disfraz que habían compartido tanto tiempo. El enojo ya no era útil, tampoco el miedo, era el tiempo de la muerte, era el tiempo del perdón.

Silvia y Alberto se separaron algún tiempo después de la muerte de Mau. Lo hicieron en paz. Supieron perdonarse. Aprendieron del miedo de su hijo. Miedo que se pudo convertir en amor, por la fuerza y el poder del perdón.

Quinto: Hacerme persona en el otro

Juanito fue la primera persona que he acompañado hasta su muerte. Fue un maestro excepcional. Yo había leído a Buber[14] sin entenderlo del todo, Juan nunca lo leyó, pero sí lo entendía bien.

Aquél niño indígena, sencillo, encontró un camino de libertad e hizo del desapego un verdadero arte. Entendió a tiempo que la única manera en la que podía facilitar el cambio en su familia, era cambiando él. Demostró día a día, durante sus últimas semanas, que es posible la felicidad, cuando puedo entregarme por completo a los demás.

Es el sacrificio mayor que desde mi perspectiva puede lograr un niño de esa edad: dejar de pensar en él, cambiar intencionalmente para demostrar a su gente que es posible dejar ir, que es posible poner toda la energía, toda la creatividad, el talento y el amor, en función de los demás.

También Juanito entendió con profundidad el sentido de ser personas-en-comunidad. Los indígenas mexicanos, nos enseñan cotidianamente que la vida es en plural, en comunidad, en grupo. Este niño no era la excepción. Fue tan mexicano como es posible serlo. Apreciaba a su familia por encima de todo, dialogaba de manera sencilla con Dios, al que al igual que Lucy, entendía mucho mejor que los demás, disfrutaba hasta la médula la música ranchera y no se explicaba a sí mismo si no era en el reflejo de los ojos de sus hermanitos, sus tías y por supuesto su madre.

El testimonio de todos estos niños es extraordinario y poderoso. Los cinco regalos son enormes, pero el regalo de Juanito, tiene

---

14. En referencia fundamentalmente a: Buber, M. (1994). *Yo y tú*. Buenos Aires: Ediciones Nueva Visión.

una característica única entre este selecto grupo de sabios, santos, revolucionarios y genios: la intencionalidad.

Los psicólogos del desarrollo, podrían no estar de acuerdo conmigo. Un niño tan pequeño no parece tener la capacidad cognitiva, la conciencia suficientemente expandida como para realizar un acto moral, intencional, de esta magnitud. Sería una casualidad o una mera interpretación del tanatólogo que no tuvo otra opción, más que la de ligarse sentimentalmente a todo lo que estaba sucediendo en el cuarto 101 del hospitalito de Cuernavaca.

Quizá así fue.

Prefiero creer lo que vi, lo que escuché y sobre todo lo que sentí.

Juan, de Coatepec, de tan sólo nueve años, decidió obligar a la muerte a hacer una pausa para demostrar con su vida, con su testimonio, con su palabra sencilla o su silencio profundo que ni el dolor, ni el cansancio, ni la confusión que provocan las medicinas, ni la pérdida de la propia vida podían ser más importantes que el espacio de tiempo que su madre necesitaba para abrazar su dolor. No había nada más importante. Si ella no estaba lista, la muerte tendría que esperar.

Pero además, fue capaz de sembrar el camino con pistas y señales, pudo construir una serie de símbolos que nos orientaron a los demás a apoyar su esfuerzo, a darle sentido. María se convirtió en la prioridad, a pesar de aquél niño flaquísimo e invadido de cáncer, cansado y asustado. A pesar de él, todo nuestro esfuerzo se dirigió a la mujer. Así lo había diseñado Juan. Así nos lo pidió.

Juanito hizo de la generosidad una manera de vivir. Escondió el dolor, la confusión, la angustia, el miedo, la tristeza y el duelo. Parecía que nada de eso le ocurría. Lo más seguro es que sí. Lo más seguro, es que el pequeño de casi diez años la estaría pasando mal, dentro. Pero su decisión era tan clara, que ninguno de nosotros la cuestionó. María fue en verdad la prioridad. Al soltar las amarras de su hijo, este trascendió el dolor y el miedo. Los cambió por amor.

Pude hacerme persona en los ojos de Juan. Espero que él también, haya encontrado un buen reflejo en los míos.

Juan, Lucy, Paco, Javi y Mau, murieron bien.

MORIR EN SÁBADO

Los biólogos nos ganaron el nombre.

No nos deberían llamar tanatólogos, sino biólogos, pues nuestro trabajo se trata más de la vida que de la muerte. La muerte es tan sólo una gran excusa, para trabajar con la vida de las personas, que por cualquier razón, parecen estar más cerca de la muerte que los demás.

Me formé con los Jesuitas, en medio de un muy sensato Existencial-Humanismo, ese que enseña con claridad que si no es ahora, ¿cuándo?, si no es aquí, ¿dónde?, y si no soy yo, ¿quién?

Con ellos, descubrí entre otros, a Elisabeth Kübler-Ross, quien nos demostró con su larga e intensa experiencia de acompañamiento que la vida no es cuestión de tiempo, sino de intensidad, y que las personas que están cerca de la muerte tienen mucho que enseñarnos sobre la vida. Los niños más que nadie. Sus familias también. La muerte tiende a magnificar las cosas: el dolor y el miedo, sin duda, pero también la alegría, la trascendencia y la generosidad, entre otros muchos gozos que por ser persona nos son regalados.

Cuando nacemos, somos una semilla con un potencial gigantesco. La vida, nuestra circunstancia, nuestro momento histórico, nuestra familia y las herramientas personales que van conformando nuestra personalidad nos van permitiendo poco a poco elegir, qué de todo ese potencial con el que nacemos, será desarrollado. Sin embargo, para lograrlo, es fundamental que comprendamos que la luz llega acompañada de sombra, y que en la vida humana existe alegría y tristeza, salud y enfermedad, amor y miedo.

Por miedo, estamos creando un mundo en el que se busca evitar a toda costa el dolor, el fracaso y la muerte. Esa es probablemente la gran tragedia de nuestros tiempos. No hemos querido entender que al evitarlos, destruimos probablemente la herramienta más poderosa a nuestro alcance para convertirnos en toda la persona que podemos ser.

El mundo que día a día nos estamos construyendo busca evitar el dolor a través de medios artificiales: "Aprenda inglés dormido", escuchamos en la televisión; "No haga ejercicio para tener un cuerpo saludable, no se agote, utilice este cinturón que mediante descargas eléctricas hará que sus músculos trabajen, mientras usted está cómodamente sentado o acostado", nos dicen otros comerciales; "No sufras, no te agobies, olvídate de todo, olvida tu realidad, tómate una *tacha*, fúmate un cigarrito de marihuana, inhala esta línea de cocaína", le dicen a nuestros jóvenes, como si el dolor humano fuera malo, en un sentido ético.

No se trata, por supuesto, de vivir sufriendo. De lo que se trata es de aceptar que la vida humana, está llena de alegría, de gozo, de plenitud y de felicidad, pero también de obstáculos, de dolor, de fatiga y de fracaso.

Muchas veces, al vivir la experiencia de muerte, cerca de estos niños y niñas, me pregunto, ¿por qué es más útil el dolor que la felicidad? Mi respuesta es simple. El dolor *me mete*, y la felicidad *me saca*. Es importante apreciar que el dolor y el fracaso son medios útiles y poderosos para la inmanencia, esa que nos ayuda a descubrir las respuestas adentro.

1. Sobre el duelo

Observo con detenimiento a las madres de estos niños quienes después de la muerte de sus hijos son, literalmente, secuestradas por el silencio. Reciben mucho consuelo de fuera, muchos consejos, mucho cariño; eso es sin duda útil, pero luego, cuando el silencio se apodera de sus vidas, empiezan a encontrar dentro, las respuestas que ellas necesitan para recuperarse, para sanar. No olvidarán nunca ese momento, no dejará de doler, sin embargo, lentamente lograrán encontrar –en la mayoría de los casos– sentido. A veces no lo podrán explicar, no lo podrán describir, pero este, el sentido, se inscribe poderoso en sus vidas.

Encuentro que existen tres fases posteriores a la muerte de los niños, que las madres desarrollan de manera intuitiva. Estas tres fases, se pueden definir, desde la pregunta que las origina.

La Fase I, busca respuestas a la pregunta ¿por qué?

Es inevitable, que cuando el pequeño muere, las madres se acercan al tanatólogo, rotas, agotadas, enojadas, frustradas, y típicamente preguntan ¿por qué? ¿Por qué Dios ha permitido que se muera mi niño?, ¿por qué se enfermó?, ¿por qué a nosotros?, ¿por qué?

He aprendido que esta pregunta no tiene respuesta. ¿Por qué le da leucemia a un niño?, imposible de responder. ¿Por qué un pequeño de apenas cinco, o seis años padece esos dolores terribles?, no lo se. ¿Por qué se muere un niño que no ha vivido a plenitud nuestro mundo, lleno de maravillas?, nadie los sabe.

Esta pregunta, fundamental pero violenta, no tiene respuesta y sin embargo es necesaria, por que proyecta a estas mujeres hacia las profundidades de su propio silencio. Logra apaciguar el llanto y la impotencia al convertirla en enojo y búsqueda. Logra la inmanencia, ese regalo que diseñó Dios para encontrarlo, dentro.

Cualquier respuesta a la pregunta "¿por qué?", apela a una solución sencilla. La muerte de un niño es cosa sumamente compleja. No es posible encontrar, donde no existe la riqueza para explicar. Aún así, la pregunta se necesita para demostrar que no tiene respuesta, que es necesario buscar en otro lado. El silencio que ha provocado esta pregunta sin sentido, permite encontrar el espacio y la paz, para lograr trascenderla y encontrar una pregunta más adecuada.

La Fase II, busca respuestas a la pregunta ¿para qué?

Al no encontrar respuestas afuera, ni encontrarlas frente a la insuficiente pregunta de "¿por qué?", el proceso reparador del duelo, continúa hacia la búsqueda de sentido. ¿Para qué se murió mi niño?, es quizá la primera pregunta que surge. Difícil de responder en un inicio, pero gloriosa al final del proceso. La pregunta "¿para qué?", requiere soluciones mucho más complejas, por lo que no basta con preguntarse por el dolor y la muerte. Es necesario hacer un cuestionamiento profundo sobre la vida de ese niño o niña. ¿Para qué nació mi hijo?, ¿para qué en esta familia?, ¿para qué fue hijo mío?, ¿para qué de mi pareja?, ¿para qué se enfermó?, ¿para qué sufrió el dolor físico provocado por su enfermedad? ¿Para qué?

El duelo se convierte en respuesta, y la respuesta en regalo. Cada persona que ha estado en contacto con ese niño o esa niña, es capaz de construir una distinta. Ese pequeño que sufrió a lo largo de su enfermedad fue capaz de obsequiar cientos de regalos. Regalos personales, distintos, útiles de distintas maneras para cada una de las personas que tuvimos el privilegio de acompañarlos.

Los padres, típicamente construyen una serie de expectativas alrededor de la vida de sus bebés. Cuando éstas se rompen violentamente por un diagnóstico de cáncer, por ejemplo, se provoca no sólo un dolor de proporciones inimaginables, sino una tremenda frustración.

La frustración mezcla de algún modo una serie de sentimientos profundos: el miedo, el enojo, la tristeza. Sin embargo, el sentimiento fundamental que subyace al estado de frustración es el miedo, y éste es capaz de cegar a la persona más sana y más llena de herramientas personales, que en otra circunstancia hubiera podido utilizarlas para superar una crisis. Por eso es que a veces es difícil encontrar el regalo que cada uno de estos niños nos da. El miedo se convierte en una fortaleza poderosa que impide reconocer el bien sobre el mal, el triunfo sobre el fracaso, la vida sobre la muerte. Cuando el miedo se supera, cuando se trasciende, el regalo aparece.

Sólo se pueden descubrir las útiles respuestas que surgen de la maravillosa pregunta ¿para qué?, cuando nos permitimos vivir la muerte sin miedo. Cosa nada fácil, pues la muerte de una persona que hemos amado, quien ésta haya sido, nos remite a nuestra propia muerte, nos descubre nuestra propia finitud, nuestra temporalidad en este mundo. Es inevitable reconocer en la muerte del otro, nuestra propia muerte, y eso por supuesto, asusta.

Encuentro que en algunos casos, las madres de estos niños, son capaces de trascender este miedo. Es un proceso complejo, doloroso y profundo, pero sin duda reparador. Encuentran respuestas de todo tipo. Empiezan, desde muy temprano en el duelo, a gozar el recuerdo de sus hijos y a apreciar sus regalos.

Cuando han logrado un importante número de respuestas, se dan cuenta de que las tienen que compartir con su pareja, con sus demás hijos, con sus familiares, con Dios. Es ahí, donde surge la tercera etapa. Su pregunta se convierte en una celebración que da total sentido a la vida y a la muerte de sus hijos.

La Fase III, busca respuestas a la pregunta ¿para quién?

Nos hacemos persona en los ojos de los demás. Me descubro a mi mismo en la ínter subjetividad, en la infinita posibilidad de interpelar, de verme a mí a través de los ojos de otro. Sólo cuando me reconozco en el otro, puedo conocer a Dios. Sirvo para el otro, me conozco en el otro, soy para el otro, me construyo en el otro.

El amor sólo tiene sentido cuando surge de mí, pero se dirige al próximo. El amor a los hijos, a los padres, a la pareja, a los hermanos, a los amigos, a Dios.

Es por ello, que la pregunta ¿para quién?, provoca una celebración, por que todas esas respuestas que se han construido desde el silencio, todas esas respuestas que dan sentido a la vida y a la muerte, al dolor y a la alegría, necesariamente deben tener un destinatario.

Observo muchas veces con gratitud y emoción, cómo éstas mujeres que acaban de perder a un hijo, hablan con su pareja, con sus padres, con los hermanitos del niño muerto. Hablan, por que necesitan compartir el regalo que han recibido, por que necesitan seguir construyendo sus familias y por que tienen, en ese momento, un extraordinario cemento y fuertísimos ladrillos para edificar. Cemento y ladrillos que fueron regalados por ese niño que se acaba de marchar. Cemento y ladrillos, que a la vez, permiten construir un monumento interior que honra y dignifica el sufrimiento de quien los ha regalado, y son capaces de edificar una casa sólida para los que se quedan aquí.

Sin embargo en muchas ocasiones, el miedo es a veces más fuerte que el regalo. Muchas parejas no sobreviven la muerte de un hijo, por que no son capaces de superar su miedo, su culpa, su frustración. Evitan recibir el regalo, por que piensan que al quitarle la envoltura a aquél paquete, estarán diciendo un adiós definitivo a ese hijo que nunca hubieran querido dejar. La realidad demuestra todo lo contrario. Al abrir el paquete, el niño se hace parte definitiva de su vida. El cemento y el ladrillo los unirá para siempre.

La historia personal de cada madre, de cada padre, de cada familia, facilita o impide la posibilidad de desechar el miedo y abrazar el regalo. Veo siempre con interés, que quienes han aprendido que el dolor es en realidad un medio para crecer en conciencia, son mucho más capaces de construir sus vidas con la vida y la muerte del niño que ya se ha ido. Es como si su historia personal abriera una red y los detuviera en la caída, justo antes de chocar contra el suelo.

Esa red, se construye con los hilos fuertes, que son producto de las pérdidas necesarias que sufrimos a lo largo de la vida. Cada una de estas pérdidas nos fortalece, nos abre la posibilidad de construir un "yo" más sano, más consciente y en consecuencia, más resistente. Pérdidas, pasadas, simples o complejas. La muerte de nuestra mascota favorita de la infancia; la pérdida de la juventud; la lejanía de un ser querido; la pérdida de la armonía familiar; la pérdida de un trabajo, de una pareja, de un amigo; la pérdida de la comodidad o de la seguridad, son todas ocasiones que nos construyen, puesto que fundamentalmente nos enseñan a elegir, nos enseñan a ser libres, a asumir nuestra realidad presente.

Pero cada una de esas pérdidas nos enseña sobre todo, la importancia del otro en nuestras vidas, nos coloca frente a la realidad de que yo sólo soy persona, cuando no sólo soy yo, sino yo-tu[15]. Eso es lo que le sucede a estas mujeres, su dolor trasciende su realidad unipersonal y las proyecta a los demás, a los próximos, a los otros. Su duelo, su cansancio, su tristeza, su miedo y su

---

15. Cfr. Buber, M. (1994). *Yo y tú*. Buenos Aires: Ediciones Nueva Visión.

corazón, lleno de respuestas, sólo podrían seguir teniendo sentido si su conciencia se proyecta hacia los demás.

Cuando se identifica ¿para quién vivió este niño?, ¿para quién son estos regalos que construyó con su vida?, ¿para quién murió?, la muerte puede ya convertirse en celebración de vida.

El dolor, se ha convertido en recuerdo y la conciencia de estas mujeres, ha quedado expandida para siempre.

2. Sobre la actitud frente a la muerte

Los adultos somos producto de nuestras elecciones, somos resultado de nuestra libertad. Por eso es que el proceso humano de la elección, nos constituye y nos dignifica.

Es necesario aprender a elegir la actitud con la que se asume un proceso tan complejo y devastador como la enfermedad terminal de un niño.

Todos tenemos un estilo personal, una capacidad de afrontamiento con el que hacemos frente a las distintas crisis situacionales que se nos presentan a lo largo del camino. Todos hemos construido una personalidad, desde la infancia y la hemos consolidado en nuestra adolescencia y en nuestra edad adulta. Ésta, es la que nos hace reaccionar de manera personal frente a la turbulencia y el dolor. La cercanía de la muerte de un niño, de un hijo, de un nieto, de un hermano menor, de un amigo, es un regalo doloroso pero extraordinario, en buena medida, porque nos permite elegir un camino diferente, a partir de la observación inmanente de nuestras respuestas pasadas frente a la adversidad.

Los niños moribundos cambian nuestras vidas, por que nos permiten mirar dentro y modificar nuestras prioridades, nuestros sistemas axiológicos y nuestros paradigmas. Nos descubren herramientas, que aún estando ahí, no habíamos utilizado.

La vida, dice Paola mi hermana, es como un camino lleno de estaciones. En cada estación hay una mesa y una silla. Transcurrimos ese camino, cargando una pequeña maleta, en la que vamos guardando las situaciones de vida que nos han marcado, para bien o para mal, pero que mientras sigan en esa maleta nos sirven para enfrentar las vicisitudes que el camino nos presenta, o nos anclan a un pasado que ya se fue.

Al llegar a cada una de las estaciones, la vida nos regala la posibilidad de hacer un silencio existencial, de sentarnos en esa silla para iniciar un diálogo inmanente que nos permite abrir nuestra maletita, colocarla sobre la mesa, y observar con cariño y conciencia de dignidad todo lo que ésta guarda. El silencio y la libertad, nos invitan a revisar cada uno de los artículos que encontramos dentro para recordar, a veces con dolor, a veces con alegría, los momentos decisivos de nuestra vida, aquellas elecciones pasadas que nos convirtieron en la persona que somos hoy.

Sin embargo, este silencio interior, también nos invita a veces, a sacar de nuestra maleta, aquellos condicionamientos, aquellos paradigmas que ya no nos sirven, aún cuando en el pasado hayan sido útiles.

Con valor y cariño, con amor y estima a nuestro ser persona, debemos tomar esos artículos que ya no son útiles, sacarlos de nuestra maleta y dejarlos en esa estación, bendecirlos, agradecerles. Ese acto valiente y complejo amplifica nuestra conciencia y nos descubre una nueva herramienta para enfrentar el obstáculo, que la vida, aquí y ahora, nos invita a superar.

Algunos lo logran con terapia, otros en grupo, siempre con acompañamiento. Las madres y los padres de estos pequeños que están más cerca de la muerte que ellos, lo logran con el ejemplo de vida de sus hijos y con la apremiante necesidad de contener todos los sentimientos que alrededor de un niño moribundo surgen.

Los papás y mamás de estos niños sabios, podrán entonces, a pesar de su historia personal pasada o aprovechándola, elegir cómo vivirán el proceso terminal de su hijo. Es la fuerza de la muerte, que mueve a la vida. Es por ello, que en muchos casos, cuando la maleta se abre a tiempo y se elige cambiar, que las semanas y meses que transcurren al pie de la cama del hijo enfermo se convierten por paradójico que parezca, en las mejores de esa familia. Pero del mismo modo, si la maleta no se abre, si el silencio no llega, si el acompañamiento no se busca, esas semanas o meses pueden ser, en el corto plazo, una catástrofe personal y familiar.

¿Se puede elegir vivir alegre en medio de la enfermedad, del dolor, del sufrimiento, de la cercanía de la muerte?, ¿es posible *elegir* una actitud sana, frente a un suceso tan devastador como la enfermedad terminal?

Sí. Se puede y es útil.

La alegría es un estado de ánimo que permite mirar la propia vida con mejor perspectiva. En general, el humor permite tomar distancia del dolor y observarlo en su verdadera y real magnitud.

La alegría no tiene nada que ver con un falso y vacío optimismo. Es una manifestación de la tranquilidad del espíritu y de la aceptación del dolor, del mal y del fracaso, como componentes de la vida y de sus procesos. Cuando los padres de estos niños son capaces de alejarse un poco de su dolorosa realidad y se pueden ver, desde fuera, pueden integrar la sombra que parece guiar ese momento de vida, con la luz, que al mismo tiempo surge de su situación.

Las madres y los padres de estos niños parecen, a veces, vivir encerrados en un oscuro y eterno túnel, donde no parece existir la luz. La hay. Se llama, como sea que se llame su hijo. Está en los ojos del niño, en su mirada, en su entereza, en su confianza, en su Fe, en su disponibilidad, en su presencia.

Los papeles se cambian. El niño enseña a la madre o al padre, se convierte en su maestro. No los enseña a sentirse alegres pues la alegría es un sentimiento legítimo y como tal, se siente o no. Los enseñan a vivir en el tiempo presente, ese que es propio de la niñez. Cuando los niños, existencialistas por naturaleza, ríen en medio de su dolor, o son capaces de disfrutar un juego, una frase o un juguete, lo hacen por que están por completo comprometidos con el tiempo que les es propio, el presente. Por eso es que, a diferencia de la mayoría de los adultos, pueden soportar de mejor manera el dolor físico y la cercanía de la muerte.

Estos niños me han enseñado, que mientras haya un respiro, mientras haya vida, tenemos razones para vivir. Es una cuestión de intensidad, no de tiempo. No hay por qué sufrir por lo que todavía no ha pasado. La mayoría de las enfermedades terminales son terribles, sin embargo, otorgan ciertas treguas. Estas, son aprovechadas al máximo por estos pequeños sabios. Ríen, hablan, reclaman, rezan, juegan, comparten, pelean, enseñan, perdonan... olvidan. Olvidan por unas horas, o unos minutos, que están enfermos, olvidan que la muerte asecha. Se dan cuenta de que están vivos, y por tanto, habrá que aprovechar ese tiempo para vivir, para alegrarse.

La alegría que surge en esos lapsos de tregua, permite eliminar de tajo una terrible etiqueta, que los adultos solemos colocar sobre estos niños: "Enfermo Terminal". Ni enfermo, ni terminal, nos responden con su vida, al menos no en este instante. La enseñanza es clara, la vida es una sucesión de momentos. Cada momento regala algo distinto. El proceso final de estos niños, amplifica los momentos buenos y convierte estos espacios breves de tiempo en verdaderas celebraciones.

Hay momentos para el dolor y otros para la alegría. Los niños saben distinguirlos bien. Saben aprovechar ambos, ríen en la alegría y lloran en el dolor. Son maestros de vida.

Además, la risa activa la Fe. No solamente tiene un efecto terapéutico positivo, cosa ya demostrada empíricamente por los extraordinarios "Médicos de la Risa" en México, tiene también un efecto psicológico sumamente útil. La risa, la alegría, el humor, activan la Fe en la persona humana. Es una Fe de niño, no de adulto, no espera un milagro o una cura, es una Fe que descubre la magia, la amplitud y la profundidad de ser persona.

La risa, el humor y la alegría son claras manifestaciones de la sabiduría de vivir en el aquí y el ahora, de disfrutar la vida en el momento presente. Son una elección.

3. Sobre el acompañamiento y algunas notas finales

El acompañamiento, es una manifestación del amor. Surge del reconocimiento de la dignidad del otro, de su dolor, de su alegría, de su miedo, de su fortaleza, de su trascendencia, y permite, al mismo tiempo, descubrir la propia dignidad, el propio dolor, la propia alegría, el propio miedo y la común meta de la trascendencia. Al acompañar a otro, me permito ser acompañado. Al amar al otro, me permito ser amado.

Carl Rogers tenía razón. Son necesarias tres cualidades fundamentales para lograr un acompañamiento útil y profundo. La empatía, la congruencia y la aceptación positiva incondicional[16].

La empatía, es la decisión intencional de estar por completo con el otro, a diferencia de la apatía que significa ignorar al otro, la simpatía que evita una conexión real con el otro, o la antipatía, que implica el rechazo del otro. La empatía, busca mirar desde los ojos del próximo, interpretando su historia personal y reviviendo, en quien acompaña, experiencias que pudieran significar a nivel emocional, situaciones parecidas a las que vive quien es acompañado.

Hacer empatía, en este sentido, con un niño moribundo no resulta fácil. En general, es complicado buscar en el acervo sentimental personal una experiencia similar al proceso que vive un moribundo. No se trata de sentir lo mismo, sino de comprender con cabeza y cuerpo, las sensaciones y sentimientos que puede estar experimentando el paciente.

Nunca he sentido el miedo que la cercanía de la muerte provoca, pero sí he sentido miedo. Nunca he sentido el dolor físico que un tumor produce, pero sí he sentido dolor. Nunca he sentido la frustración o el abandono que en ocasiones, la limitada medicina moderna genera, pero si me he sentido frustrado y abandonado. Busco revivir estos sentimientos para comprometer mi conciencia en el encuentro con el sentimiento del niño moribundo.

Hacer empatía significa en realidad, activar el amor por el otro, pues sólo desde ahí es posible intentar comprender su momento.

Es por eso que la empatía no se completa si no surge en quien acompaña, la congruencia. Ésta es una manifestación del efecto

---

16. Rogers, C.R. (1961, 1993). *El proceso de convertirse en persona.* México: Paidós.

que produce el haber decidido estar por completo con el otro, por lo tanto es intencional. Es una elección. Es, en mi experiencia, la manifestación más clara del proceso de aprendizaje significativo que se vive al tratar de reflejar, en cada momento, a cada paso del proceso, la dignidad que surge del alma de un niño moribundo.

La congruencia se sintetiza en la sensación real y contundente de paz, que logra transmitir un niño que agradece y comparte su último momento entre nosotros. Surge al abrir la conciencia de quien acompaña para sentir el dolor del otro, su miedo, su culpa, su alegría, su esperanza o su grandeza. Es la sensación viva de dignidad que regala la dignidad del otro.

No es posible acompañar a un niño que está a punto de morir, sin sentir una profunda tristeza y una violenta frustración. No se puede hacer de otra manera, por que la transparencia desde la cuál el niño actúa, no da lugar a la hipocresía. Si el dolor duele, si la frustración asusta, si la alegría completa, entonces el proceso estará dando resultado en quien acompaña, por que el proceso de acompañamiento es de dos y por tanto, es tan útil para uno como lo es para el otro.

Acompañar no significa ayudar de manera unilateral, sino aprender, en ambos sentidos. No sirve un modelo diseñado sobre la premisa de que uno –el que acompaña– es quien ayuda al otro, el que es acompañado. El modelo correcto es el que proviene de la interpelación mutua, de la verdadera ínter subjetividad. Me hago persona en el otro, cuando acepto su dolor en mi vida, su tristeza en mis ojos, y su dignidad en mi conciencia, cuando acepto que él también, se hace persona en mí.

Acompañar es una manifestación del amor por que sólo puede ser útil cuando amo verdaderamente al próximo. Por eso, es necesaria la aceptación positiva incondicional. Acepto al otro, cuando me reconozco en sus ojos, cuando suspendo el juicio y dejo de ver su etiqueta para dar paso a la deslumbrante luz de su dignidad. Cuando lo dejo de llamar paciente, enfermo o moribundo, cuando lo llamo Lucy, Paco, Javi, Mau o Juanito; cuando me reconozco en su dolor y en su alegría; cuando me descubro digno frente a su familia; cuando reconozco la valía de su vida y la importancia de su muerte; cuando lo hago, para siempre, parte de lo que soy.

Aceptar a otro requiere de la propia aceptación. Por eso es que resulta fascinante el proceso y valioso el regalo, por que en cada momento al lado de estos niños, descubro mi propia luz y muchas de mis sombras. La aceptación del otro construye un enorme espejo que refleja lo que soy, y es útil por que me recuerda constantemente que se hace necesario dar respuesta a la gran pregunta de mi propia vida: ¿para qué, yo?, ¿para quién yo?

El acompañamiento es pues, en mi opinión, una de las más grandes herramientas para el auto conocimiento. Al estar disponible para el otro, me hago disponible para mí. Por eso, el duelo de mis niños moribundos me cambia, me constituye.

Descubro con alegría, que acompañar, permite crear conciencia sobre la trascendencia. Ana María González Garza, dice que es necesario construir un ego fuerte, para luego, usarlo de escalón y asomarnos a la trascendencia[17]. No es con la muerte que es posible trascender, es con la vida. Es con la construcción cotidiana de un ego sano, libre, sensato, consciente y realizado, que se puede empezar a conocer el verdadero sentido y significado de la experiencia humana. El hoy, construye la eternidad.

---

17. González, A.M. (2001). *Notas del Seminario de Desarrollo Humano Transpersonal. Maestría en Desarrollo Humano.* México: Universidad Iberoamericana.

Theilhard de Chardin lo explicó mejor que nadie. No somos humanos en busca de espiritualizarnos, somos espíritus en busca de humanizarnos[18]. El viejo Jesuita entendió bien que la importancia de ser persona, radica fundamentalmente en nuestra capacidad de interpelar. La experiencia humana se funda en la ínter subjetividad pues es ahí, en mi relación con los demás, donde de manera más plena y contundente descubro a Dios.

Descubrí a Dios en la alegría de Lucy, en la entereza de Paco, en la experiencia verdaderamente humana de Javi, en la trascendencia del miedo de Mau y en la generosidad sin límite de Juan. Descubrí que la verdadera trascendencia no surgió de la muerte de ninguno de estos niños, sino de su vida, de sus ojos vivos, de su alma plenamente humana.

Descubrí que la Vida Eterna, para estos pequeños empezó el día que nacieron y no el día en que murieron.

Ha alcanzado el éxito, me escribió alguna vez mi madre, interpretando a Betty Anderson, quien ha vivido bien, reído con frecuencia y amado mucho. Quien ha logrado el respeto de hombres y mujeres inteligentes y la confianza de los pequeños. Quien ha llenado su nicho y cumplido su tarea, quien ha dejado el mundo mejor de lo que lo encontró, ya sea por una flor mejorada, un poema perfecto o un alma rescatada. Quien nunca dejó de admirar la belleza de la tierra, ni de expresar su admiración. Aquél cuya vida sirvió de inspiración, cuyo recuerdo es una Bendición.

Niños y niñas exitosos, son a los que he tenido el privilegio de acompañar. Su recuerdo es ya para mí, una Bendición.

---

18. Cfr. González, A.M. (2003). *Caminos de Trascendencia.* México: Editorial Atheleia.

La muerte de estos niños, tiene un sentido. Lo ha tenido para mí. Nunca seré igual después de acompañar a estos pequeños en su último respiro.

Es posible vivir, aquí y ahora; es posible aprender del dolor; es posible asumir las pérdidas que la vida nos regala; es posible ser generosos; es posible descubrir a Dios en el silencio de la inmanencia y en los ojos de los demás; es posible trascender el miedo; es posible emparentarnos con la alegría. Es necesario hacerlo ya.

Estaré agradecido siempre por haber elegido el camino que me ha llevado a acompañar a estos pequeños. Su vida se ha mezclado de manera definitiva con la mía y me está enseñando a conocer mi propia casa. Su muerte, me compromete a seguirla edificando.

Que Dios Bendiga a estos niños, y que a mí, llegado el momento, me conceda el privilegio, de morir en sábado.

Colección los Cuatro Vientos

Director: Manuel Guerrero

1. *Leer la vida. Cosas de niños, ancianos y presos*, (2ª ed.) Ramón Buxarrais.
2. *La feminidad en una nueva edad de la humanidad*, Monique Hebrard.
3. *Callejón con salida. Perspectivas de la juventud actual*, Rafael Redondo.
4. *Cartas a Valerio y otros escritos*, (Edición revisada y aumentada). Ramón Buxarrais.
5. *El círculo de la creación. Los animales a la luz de la Biblia*, John Eaton.
6. *Mirando al futuro con ojos de mujer*, Nekane Lauzirika.
7. *Taedium feminae*, Rosa de Diego y Lydia Vázquez.
8. *Bolitas de Anís. Reflexiones de una maestra*, Isabel Agüera Espejo-Saavedra.
9. *Delirio póstumo de un Papa y otros relatos de clerecía*, Carlos Muñiz Romero.
10. *Memorias de una maestra*, Isabel Agüera Espejo-Saavedra.
11. *La Congregación de "Los Luises" de Madrid. Apuntes para la historia de una Congregación Mariana Universitaria de Madrid*, Carlos López Pego, s.j.
12. *El Evangelio del Centurión. Un apócrifo*, Federico Blanco Jover
13. *De lo humano y lo divino, del personaje a la persona. Nuevas entrevistas con Dios al fondo*, Luis Esteban Larra Lomas
14. *La mirada del maniquí*, Blanca Sarasua
15. *Nulidades matrimoniales*, Rosa Corazón
16. *El Concilio Vaticano III. Cómo lo imaginan 17 cristianos*, Joaquim Gomis (Ed.)
17. *Volver a la vida. Prácticas para conectar de nuevo nuestras vidas, nuestro mundo*, Joaquim Gomis (Ed.)
18. *En busca de la autoestima perdida*, Aquilino Polaino-Lorente
19. *Convertir la mente en nuestra aliada*, Sákyong Mípham Rímpoche
20. *Otro gallo le cantara. Refranes, dichos y expresiones de origen bíblico*, Nuria Calduch-Benages
21. *La radicalidad del Zen*, Rafael Redondo Barba
22. *Europa a través de sus ideas*, Sonia Reverter Bañón
23. *Palabras para hablar con Dios. Los salmos*, Jaime Garralda
24. *El disfraz de carnaval*, José M. Castillo
25. *Desde el silencio*, José Fernández Moratiel
26. *Ética de la sexualidad. Diálogos para educar en el amor*, Enrique Bonete (Ed.)

27. *Aromas del zen*, Rafa Redondo Barba
28. *La Iglesia y los derechos humanos*, José M. Castillo
29. *María Magdalena. Siglo I al XXI. De pecadora arrepentida a esposa de Jesús. Historia de la recepción de una figura bíblica*, Régis Burnet
30. *La alcoba del silencio*, José Fernández Moratiel –Escuela del Silencio (Ed.)–
31. *Judas y el Evangelio de Jesús. El Judas de la fe y el Iscariote de la historia*, Tom Wright
32. *¿Qué Dios y qué salvación? Claves para entender el cambio religioso*, Enrique Martínez Lozano
33. *Dios está en la cárcel*, Jaime Garralda
34. *Morir en sábado ¿Tiene sentido la muerte de un niño?*, Carlo Clerico Medina
35. *Zen, la experiencia del Ser*, Rafael Redondo Barba
36. *La Sabiduría de vivir*, José María Toro
37. *Descubrir la grandeza de la vida. Una vía de ascenso a la madurez personal*, Alfonso López Quintás
38. *Dirigir espiritualmente. Con San Benito y la Biblia*, Anselm Grün, Friedrich Assländen
39. *Recuperar a Jesús. Una mirada transpersonal*, Enrique Martínez Lozano
40. *Dertrás de la apariencia*, Matilde de Torres Villagrá
41. *El esplendor de la nada*, Rafael Redondo Barba
42. *Desenterrar y vivir el Evangelio*, Jaime Garralda